少年愛讀世界史

9 現代史 I

兩次世界大戰

管家琪——著

總序

為什麼我們要讀世界史？

管家琪

也許你會遇上這樣一個朋友：她特別好強，成績一直名列前茅，對自己和周圍的人都有些苛刻，可是對小動物和大自然卻有著純粹的愛心。也許你會好奇，她的家是什麼樣子？她的爸爸媽媽是做什麼的？又是怎麼教育她的？為什麼她會在如此熱愛大自然的同時，對人似乎總是不大友善。

也許你又遇上另一個朋友：他比較文靜，平時很少主動說話，下課時間總是趴在桌上睡覺，你知道他住得挺遠，放學後總是一個人坐著公車離開。也許你會好奇，為什麼他會到這麼遠的地方來上學？當初這是他爸爸媽媽還是他自己的意思？現在他們全家又是怎麼看待這個決定的？

也許你還遇上一種朋友：她為人隨和，很少和大家在一起哄鬧，也很少有什麼強烈的意見，從來不會刻意要求什麼，身邊總有幾個朋友，但是真正算得上深交的好像又沒幾個。也許你會好奇，她的過去是什麼樣子？在她的成長之路上有沒有發生過什麼特別的事？為什麼她似乎總是很難真正對別人敞開心扉，似乎總是與人保持著一定的距離？

如果我們不了解一個人的成長背景，包括生活的經歷，便無法明白一個人為什麼會成為現在這個模樣。單獨一個人是如此，由許多人所組成的社會、民族、國家，以及文明，也是如此。

這個世界在我們到來之前，已經存在了很長很長的時間。各個民族與文化，在不同的地理環境中，自然而然的成長，經歷過不同的世事變遷，孕育著他們各自對世界的理解，然後漸漸成為我們今天所認識的各個國家。過去的人，他們所經歷的過去事，透過文物證據與文獻記載所留下的寶貴資料，再經由後人的發掘、考證與解讀，就成了我們今天所看到的歷史。

總之，如果不了解歷史，我們便無法明白世界為什麼會成為現在這個模樣；而如果不了解世界現在的模樣，我們便難以給這個世界塑造一個更理想的未來。

這套【少年愛讀世界史】所講述的範圍是整個世界，而不是某一個地區、民族或國家。在二十世紀六十年代以前，以個別民族國家作為歷史研究的單元（比如說中國史、英國史、法國史等等），一直被認為是最合適的方式，那麼，為什麼現在我們需要從整體世界的角度來講述歷史呢？

這是因為到了二十一世紀，我們需要一個全球化的視角與觀點。隨著時代的變化，尤其是網路的發展與全球性移民不再是特殊現象以後，人與人之間的交流益發頻繁。現代的居民、不管是住在哪裡的居民，也比過去更容易在生活中遇見與自己截然不同歷史文化背景的鄰居。過去在很長一段時間之內，用來區隔人與人的民族、國家等社會學的邊界概念已逐漸被沖淡，一個嶄新的、以全人類為背景的人類文化正在逐漸形成。

同時，與二十世紀末一派樂觀的地球村情緒不同，二十一世紀的我們，正面臨著全球化在城市與鄉鎮發展極為不平均的困境。在當今保守主義的右傾與排外思潮的崛起下，如何平衡多元文化與傳統文化的衝突，也是二十一世紀世界史所需要思考的問題。

所以我們應該讀世界史，而且需要有系統的、順著時間脈絡來讀世界史。

這就是這套【少年愛讀世界史】的特色，這套書側重西洋史，但也會不時呼應、對照同一時期的中國史；這套書注重時間感，也注重人物，因為歷史本來就是「人的故事」，而且注重從多角度來呈現一件件重要的史實。

最後，感謝字畝文化，讓我有機會來做這樣一個極有意義的工作。也感謝老友伯理，給了我極大的協助，讓我能順利完成這套世界史。

目次

第三章 經濟大恐慌

第四章 風雨欲來

第五章 烽火連天

第一章　動蕩的新紀元初期

現在，我們進入了現代史。我們將以兩卷的篇幅來講述現代史。
這一卷要講述的是西元一九〇〇至一九四五年，這半個世紀的歷史。
在這半個世紀，世界發生了很多大事，一戰和二戰都發生在這段期間。
就讓我們先從進入二十世紀開始吧。

1 世紀之交的歐洲

十九世紀與二十世紀之交的歐洲，歷史進入了一個新的階段。一方面，民主政治仍繼續在進展，在十九世紀末，除了俄國，其他各國都有了不同形式、屬於全國性的中央代議組織，國會也紛紛擔負起立法與審查預算的任務，人民的參政權也受到更多的保障。一九〇六年、就在剛剛進入二十世紀不久，芬蘭甚至已經開始准許女人也可以有投票權了，為全歐洲第一個開放女性投票的國家。

可另一方面，各國的內政改革在這段時期都開始遭遇到了困難，無論是擁有深厚代議制度基礎的西歐，或是保守力量本來就根深蒂固的東歐，都同時受到左右兩種勢力的攻擊——來自左邊的是日益激烈的勞工與社會主義運動，以及那些主張激進的改革派；來自右邊的則是保守主義分子，想要假借民族主義和種族主義蠢蠢欲動。總之，在此一時期，歐洲各國內部的政治與社會，無一例外均陷入到一種緊張的衝突與對抗之中，而且這種態勢一直延續到二十世紀上半葉、第一次世界大戰爆發時。

現在我們就分別將西歐與東歐的情況，做重點式的介紹。

西歐的政治狀況

英國

在西方國家當中，英國向來是以「和平演進、不必流血革命」著稱，可是從二十世紀以後，這樣的傳統也開始面臨了考驗。

十九世紀末，英國是由保守黨主政。這個政黨成立於十七世紀下半葉（一六七九年），經過一個半世紀的發展，在一八三三年正式改名為「保守黨」。在剛剛進入二十世紀不久，由於黨內自由貿易派與保護關稅派的分裂，造成內閣政策無法統一，整個保守黨遂走向式微。

不過，保守黨在二十世紀還是居主導地位，邱吉爾（一八七四～一九六五年）和柴契爾夫人（一九二五～二〇一三年）等著名首相，皆是該黨出身，一直到今天，保守黨也仍然是英國議會的第一大黨。

現在英國議會的第二大黨「工黨」，成立於一九〇〇年初，正是在進入二十世紀的時候。工黨的誕生，源於十九世紀末勞工運動的發展。

回頭再來看看，當保守黨分裂、執政又讓人民失望之餘，英王遂召請「自由黨」領袖來組閣，在第一次世界大戰之前，英國就是由保守黨與自由黨形成兩黨政治。在一戰結束後，自由黨的地位才漸漸被工黨所取代。而在二十世紀末（一九八八年），自由黨與短暫存在過的「社會民主黨」合併而成「自由民主黨」，是目前英國議會的第三大黨。

應英王之請組閣時的自由黨，成員中有為數甚多的專業人士、商人和勞工領袖，有一半左右過去都從未擔任過國會議員，顯示出當時一種時代的新精神。

由於帝國擴張和關稅改革不再是最受歡迎的課題，自由黨便集中力量從事內政與社會改革。從一九一一年以後，英國的政治風氣有了不太健全的發展，使得和平改進的傳統受到了嚴重的挑戰。比方說，在勞工問題方面，儘管自由黨已經頗為注意社會立法，但在一九一一年以後，因為民眾的工資普遍

英國前首相、保守黨領袖的柴契爾夫人。因作風堅毅不屈，曾被封為「鐵娘子」。

在第二次世界大戰期間領導英國的前首相邱吉爾。

都應付不了不斷上漲的物價，激發了罷工事件頻頻發生，有的還相當激烈，嚴重影響社會秩序，運輸工人的大罷工，更是令全國幾乎陷於停頓。在一戰爆發時，英國的勞資糾紛十分尖銳。

就連爭取婦女參政權的運動也漸漸流於暴力，不時就發生破壞博物館名畫、燒房子、在教堂設置炸彈等作為，造成了社會不安。但直到一戰爆發，婦女參政權的問題仍未獲得解決，要到一戰結束以後，三十歲以上的女子才獲得了投票權；於一九二八年以後，年滿二十一歲的女子才獲得同樣的權利。

●法國

十九世紀末與二十世紀初的世紀之交，法國發生了「德雷福事件」，這個事件對於法國的政治生態影響巨大，之後，法蘭西第三共和完全戰勝了反對力量。

「德雷福事件」是一樁間諜疑案。德雷福（一八五九～一九三五年）是一個猶太裔的上尉軍官，服役於法國參謀本部，因在一八九四年被指控洩露軍事機密給德國，隨後被定罪、流放。兩年後在家屬不斷奔走之下，新任的反情報組織首長決定重啟調查，認為洩露軍事機密者另有其人。可儘管找到了證據，但軍方為了榮譽、以及想藉著排斥猶太裔來打擊共和體制，竟不准情報組織首長重啟調查，反而還將他調職。一連串情勢的發展，造成法國社會分為「擁德雷福派」和「反德雷福派」兩大壁壘；前者大多為知識分子、社會主義者、人道主義者、共和派、反對教士者等等；後者則大多是軍人、天主教人士、保王黨、保守主義分子等。

著名作家左拉（一八四〇～一九〇二年）就是「擁德雷福派」，他曾在報刊發表一篇題名為〈我控訴〉的文章，指責軍方陷害德雷福。

一八九九年，德雷福終於獲得更審的機會，但軍事法庭仍判他有罪，必須服刑十年，不過總統予以特赦。這個案子正式結束是在一九〇六年，代議院投票決定讓德雷福，以及那位致力於要為他討回公道的前反情報組織首長，復職且晉級。這是在案子爆發的十二年後，當年三十五歲、正值壯年的德雷福，此時已是接近

Cinq Centimes

ERNEST VAUGHAN

L'AURORE

Littéraire, Artistique, Sociale

J'Accuse...!

LETTRE AU PRÉSIDENT DE LA RÉPUBLIQUE

Par ÉMILE ZOLA

LETTRE

A M. FÉLIX FAURE

左拉為德雷福所撰寫的〈我控訴〉一文，發表於當時的報紙上。

法國知名作家左拉。

五十歲的人了。

這個案子對於法國的政治與社會產生了極大的影響。「擁德雷福派」終於戰勝了教會與軍方這些反對共和的勢力，共和體制大獲加強，政府此後可以直接控制和監督軍隊，王室復辟的企圖也就此徹底幻滅。

此外，在世紀之交，法國的勞工運動與社會主義勢力抬頭，也是一個重要的現象。

義大利

統一後的義大利，儘管地方主義興盛、經濟發展還相當落後，文盲率也還是很高，但也終於建立了議會政治。

從一九〇三年以後，一直到一九一四年、第一次世界大戰爆發，喬利蒂（一八四二～一九二八年）都是義大利政治的樞紐人物。

喬利蒂在一九〇三年、時年六十一歲時擔任首相。他對於工人與僱主之間的爭執，採中立態度，工人的要求多半都能獲得滿足；不過他認為鐵路工人和政府公務員與一般勞工不同，應該屬於另外一個系統，不得動輒罷工。

喬利蒂認為，政府的使命應該是改善窮人的生存狀況，而經濟繁榮有助於政治安定。他的施政方針是以中道改革為主，使國會通過一連串的立法，來改善工人的工作環境、建立法定假期、給予醫藥補助、縮減食物關稅等等，並加強義務教育、開發和建設長期受到忽視的南方等等。

喬利蒂執政最重要的措施，是在一九一二年擴大了選舉權，使全國所有年滿三十歲以上的男子都獲得投票權，選民人數一下子就從三百五十萬暴增到八百萬。

有人說，喬利蒂把義大利帶進了群眾政治的境地，是好事。但也有人說，此舉對義大利的民主政治不僅無益，甚至有害，因為在驟增的選民中有很多還是文盲，又沒有任何政治生活的體驗，實無政治判斷力可言，因此很容易受到有心人的煽動和利用，日後法西斯主義得以興起，就是這麼來的。

更何況喬利蒂經常用特惠、政府職位，甚至是賄賂等方式，來爭取議會的支持，也無法培養出健全的議會政治。

大體而言，喬利蒂的施政仍屬穩健，也爭取到社會主義分子中改革派的支持，不過在一戰之前，還是不斷受到來自左右兩方的攻擊。

中歐及東歐的政治狀況

● 德國

十九世紀末、一八九〇年，「鐵血宰相」俾斯麥（一八一五～一八九八年）的去職，標誌著一個時代的結束，此後一直到一戰爆發，即使德國先後有過四位首相，但無論是在聲望或是權力，都沒有人可以與俾斯麥媲美，德皇威廉二世（一八五九～一九四一年）又總是在各種決策中扮演著重要的角色，首相儼然只是德皇與帝國議會之間的媒介而已，因此，這一時期實際上是威廉二世的時期，德國採取所謂「世界政策」的趨勢已經相當明顯。

在宰相俾斯麥辭職後，德皇威廉二世掌握實權，帶領德帝國走向帝國主義之路。

原本在十九世紀下半葉、當德國插足非洲殖民競爭時，就已經走上帝國主義之路（我們在卷八《近世史II》中講述過），但當時在俾斯麥主政下，行事尚稱穩健，還很能把握大局走勢。在俾斯麥去職之後，一些帝國主義色彩濃厚的組織便開始大張旗鼓的宣傳，極力鼓吹擴張殖民，譬如一個叫做「泛日耳曼同盟」的組織，就主張應該向海外擴張，把所有德語民族都聯合為一體，甚至說這是要為生物學家達爾文（一八〇九～一八八二年）的「適者生存」學說，做一個有力的註腳。

在這樣的情況下，德國認為強大的海軍是通向世界權力之鑰，遂開始大舉建設海軍，目標是——就算不能擊敗英國海軍，至少也要強大到令英國不敢輕舉妄動，並且至少要能稱雄於北海，於是，德國有了長達十七年的造艦計畫。

這自然造成了英、德之間關係的緊張，但是在德國國內，普遍都認為海軍是帝國力量的象徵，強勢建設海軍這個做法是廣受人民歡迎的；中產階級對此尤其支持，因為過去德國的陸軍一直保持著貴族的色彩，海軍則使中產階級的子弟也有機會加入軍事行列。

社會民主黨勢力的膨脹，為德國在此一時期最顯著的現象。由於工業化城市的興起，在剛剛進入二十世紀不久，柏林的人口就已達兩百萬人，而全

德意志帝國海軍的主力艦隊，公海艦隊。

德有超過一半的人口都居住在城市裡，參加工會的人數也不斷增加。一九一二年的大選，社會民主黨大獲成功，成為帝國議會中最大的政黨。

社會民主黨也支持民族擴張，因此，當一九一四年、一戰爆發，政府召集帝國議會以爭取戰費撥款時，社會民主黨是認可政府的。

奧匈帝國

十九世紀，奧地利的國力被大幅削弱，比方說，一八五九年在「義大利獨立戰爭」中喪失了在義大利大片的土地，在一八六六年的「普奧戰爭」又被排除在德意志邦聯之外。

在「普奧戰爭」翌年二月，匈牙利獲得自治，從法理上已經脫離奧地利帝國而獨立，同年六月，奧地利帝國正式改組為「奧匈帝國」。這樣的妥協，雖然使奧匈帝國勉強維持了大國的地位，但內部問題並沒有得到真正的解決，也很難解決。因為民族問題一直是奧匈帝國的死結，而一個在民族和文化上都缺乏統一性的多元帝國，要在民族主義已成主流的近代世界繼續存在下去，本來就有極大的困難。

到了十九世紀末、二十世紀初，奧匈帝國的體質可以說非常脆弱，在一戰戰敗之後，便正式宣告解體。

俄國

俄國在十九世紀末，展開工業化，大量吸引外國資本，其中法國在俄國的投資尤其多，鐵路、建築、紡織業、煤油業、冶金業等等均大力推展，到了二十世紀初更加蓬勃。在世紀之交，俄國的經濟成長率是歐洲最高的國家。

不過隨著工業化的進展，在俄國也造成了不少社會問題。首先是工人的騷亂，其實工人在最初只是想求得工作條件的改善，但後來的勞工運動就漸漸有了政治的色彩，這很可能是因為工廠大多是公營、也就是說與「政府就是僱主」這一點有關。在世紀之交，俄國已有三百萬名左右的工人，勞工運動愈來愈棘手，這從罷工頻仍，以及政府動輒必須派遣軍隊鎮壓，就可見一斑。

再加上此一時期俄國在遠東大肆擴張，與日本形成了嚴重的利益衝突，導致「**日俄戰爭**」爆發，結果俄國戰敗，造成舉國不安，到處都在罷工，對於俄國內政產生了極大的影響，以至於在戰敗同年（一九〇五年）就發生了革命。

騷亂持續了大半年，導致很多地方都學校關閉、交通停頓、政府機構無法正常辦公、城市癱瘓，沙皇尼古拉二世（一八六八～一九一八年）無計可施，終於在十月底頒

日俄戰爭——日俄戰爭發生在一九〇四年二月至一九〇五年九月，是日、俄為了爭奪朝鮮半島，以及中國遼東半島的控制權而爆發的戰爭，戰場在中國的東北。

一則英國媒體的插圖描繪戰敗的俄羅斯帝國，政府喪失威信。

布《十月宣言》，准許人民得享自由權利，成立經普選產生的國會，並同意凡是未經國會通過的法律一概無效。

從表面上看來，一九〇五年的革命，人民似乎是勝利了，然而這個勝利是非常短暫的，究其原因：一，軍隊仍效忠皇室與政府；二，革命分子本身也沒有良好的組織，缺乏中心的領導力量；三，由於俄帝國內部波蘭人、立陶宛人等從屬民族，皆要求擁有特別利益，給了政府分化對手的機會。

不過，無論如何，在經過一九〇五年的革命以後，人民總算還是得到了一些自由，俄國也終於有了國會與憲法，代議制度就這樣保留了下來。在俄國歷史上，首次可以合法的組成政黨。

一九〇五年革命的另一個收穫，便是促進了土地改革，許多農民因此變成了自耕農。

而在政府方面，從一九一一年、一戰之前，就已日趨削弱，這與尼古拉二世本人也很有關係。尼古拉二世當年

俄羅斯畫家作品《1905 年 10 月 17 日》，描繪沙皇的《十月宣言》公布後，人民欣喜的景象。

在登基之時，沙皇制度已經開始搖搖欲墜。儘管尼古拉二世被評價為是一個「善良、個人私德很好」的人物，但他的意志薄弱，不是一個在亂世能夠控制大局的君主。在對外擴張、對內改革均不盡人意之後，尼古拉二世成為俄羅斯帝國的末代皇帝，他在位的二十三年（一八九四～一九一七年），正是俄國動蕩的世紀之交。

2 晚清的改革與革命

二十世紀初、「日俄戰爭」結束後，真是餘波蕩漾，這場戰爭不僅激發了俄國在一九〇五年的革命，翌年清廷也向全國人民宣布實行「預備立憲」。

日本在「日俄戰爭」中獲勝，被中國知識分子普遍視為是「立憲戰勝專制」的象徵，因為日本的政體是君主立憲，俄國則是沙皇專制，從這個時候開始，立憲運動正式成為中國歷史的主流。

過了六年、在一九一一年武昌革命以後，當時成立僅兩年、由立憲派所主導的各省**諮議局**，紛紛傾向革命，被後世史學家認為是最終造成大清王朝覆亡的重要原因之一。

諮議局——諮議局是地方審議機構，具有西方代議制立法機構的雛形。

轉為「救亡存圖」的洋務運動

晚清的立憲運動是怎麼開始的呢？

這還得從「中日甲午戰爭」開始說起（我們在卷八講述過這場戰爭）。

晚清的洋務運動（也就是自強運動）是從一八六一年正式展開，在一八九四年「甲午戰爭」爆發的時候，已經開展三十三年了，而清廷在「甲午戰爭」中的慘敗，使李鴻章（一八二三～一九〇一年）主導的洋務運動受到重創，連帶也使他的領導地位明顯動搖，與此同時，張之洞（一八三七～一九〇九年）、劉坤一（一八三〇～一九〇二年）等人的重要性大增，成為後期洋務運動的重要角色。

洋務運動推展了三十多年，無論是在引進西學或是具體的建設，還是有一定的效果，「甲午戰爭」的慘敗，雖然在某種程度上似乎意味著洋務運動的失敗，讓當時

維新派的領袖康有為。圖為繪於 1904 年的油畫畫像。

梁啟超與老師康有為一起策畫了「公車上書」運動。圖為 1903 年的梁啟超。

的人們大受打擊，但洋務運動的推展並未因此而停止，反而益發積極，能夠接受洋務運動理念的士大夫也比過去更多。

以康有為（一八五八～一九二七年）為首的「維新派」，正是從此逐漸崛起。一八九五年（光緒二十一年），在「甲午戰爭」結束後、正當清廷與日本議和之際，康有為和他的學生梁啟超（一八七三～一九二九年）等人正入京參加會試。此時正值會試期間，全國一共十八省的舉人都群集北京。當清廷將與日本簽定《馬關條約》、割地賠款、損失慘重的消息傳來，士情激憤，在康有為的主導下，一千兩百多位舉人聯名請願，上了一份《萬言書》（也有一稱為《上今上皇帝書》），提出拒絕和議、建議遷都再戰、變法圖強等訴求，史稱「**公車上書**」。

其實，康有為在之前便曾嘗試上書光緒皇帝，提出種種建言，但受限於體制，根本無人願意替他代奏而毫無結果。這回儘管都察院也拒絕代奏他們的《萬言書》，但一千多位舉人聯名上書之舉，已打破清廷不許士民議政的傳統，不僅是轟動京師，甚至是舉國震動，影響視聽甚巨。

「公車上書」首開在野讀書人從事政治運動的先河，對當時的政治體制造成了潛在的衝擊，意義重大。

在這之後，康有為在北京先創辦《中外公報》、組織「強學會」，然後又在

公車上書——「公車上書」的「公車」一詞，當然不是指公共汽車，而是指「舉人」。因為從漢朝開始，士人應徵均由公家備車，所以日後就以「公車」來稱呼赴京應試的舉人。

上海成立「強學會分會」，並且創刊《強學報》。這種創辦報刊、組織學會的方式逐漸推展開來，其他同樣有志於介紹新思想、傳播新觀念的團體和刊物，也陸續創辦。由於這些團體和刊物的主要目標，是在開啟中國的民智、啟發新知，因此也被後世稱為「開民智運動」。

以康有為為領軍人物的「維新派」，與洋務運動的理念有契合之處，但也有矛盾之處。「維新派」主張要引進船堅砲利、追求富國強兵，這一點與洋務運動是相符的；但「維新派」同時也主張，應該進一步引進西方的政治制度，這就對清廷的體制造成衝擊，因而與態度較為保守的張之洞等人有所衝突。

當然，「維新派」的理念在很大程度上，也是時代帶來的變化。畢竟，在經歷了兩次「鴉片戰爭」以及「太平天國」之後，清廷內外交困，部分官僚開始認知到西方船堅砲利的威力。為了解除內憂外患、實現富國強兵，因此才展開了洋務運動，可以說是清廷一次自救行動，目標是為了自強。可是這樣過了三十幾年、在「甲午戰爭」之後，不少人意識到世界留給中國的時間已經不多了，光是「自強」的目標顯然已經無法應付世局的變化，必須上升到「救亡圖存」的層次。

戊戌變法與政變

一八九八年六月上旬，「戊戌變法」開始。不過，雖然一口氣推出了一大堆的變法內容，但其中除了廢八股文、改革教育體制、裁汰冗官等影響較大之外，其他的內容其實在過去的洋務運動中大多都已涉及，所以改革的幅度並不算大。據說康有為等人對於「戊戌變法」的格局也頗為失望，但他們也很明白一個事實，那就是光緒皇帝（一八七一～一九〇八年）縱然支持變法維新，然而慈禧太后（一八三五～一九〇八年）還是實際掌握大權的人，變法維新能夠展開，已屬難得。

就在「戊戌變法」推動之後，一股以慈禧太后為首的反改革的力量也在迅速凝聚。因為即使變法的幅度並不算大，仍然立刻就令很多既得利益者蒙受損失（譬如裁撤冗員機構），廢八股文的舉措也令許多準備科考的士大夫飽受衝擊，人心惶惶。再加上主張變法的「維新派」幾乎都是漢人，這也讓

由荷蘭畫家所繪慈禧太后畫像。

很多滿洲權貴非常不滿。總之，在「戊戌政變」之前，這股反對變法的勢力早就已經在集結了。

「戊戌政變」的導火線，一般認為是因為一次「出賣」。「維新派」為了讓光緒握有實權、以更好的推動變法，同時也是為了自保，遂積極拉攏在天津附近練兵的袁世凱（一八五九～一九一六年），圖謀發動政變，不料卻被袁世凱出賣。袁世凱表面上應允了「維新派」的要求，卻轉頭就跑去向慈禧太后告密。

慈禧太后遂立刻發動政變，幽禁了光緒皇帝，然後她自己以六十三歲高齡，第三度臨朝聽政（慈禧享年七十三歲，一生臨朝聽政的歲月長達四十七年，是晚清實際的統治者）。

就這樣，「戊戌變法」僅僅進行了一百零三天，便被「戊戌政變」所終結，史稱「百日維新」。

「戊戌變法」之後，康有為和梁啟超得到英、日兩國的協助，安全逃脫；譚嗣同（一八六五～一八九八年）等「戊戌六君子」則被殺，當時譚嗣同年僅三十三歲；其他主張新政的官員，分別受到了懲罰。

至於「百日維新」的新政，除了京師大學堂獲得保留，其他幾乎全數遭到推翻。

◆清朝的覆亡

從康有為歷次上書的內容來看，實行君主立憲可以說是他的理想，但因「百日維新」的新政內容並沒有涉及到這個層面，因此「百日維新」的失敗，不會讓人聯想到是立憲運動的失敗。

康有為和梁啟超流亡海外之後，比過去更旗幟鮮明的主張君主立憲；尤其是梁啟超，他在日本主編言論刊物，集合了很多志同道合的夥伴，大力鼓吹君主立憲，產生了廣泛的影響。

在「戊戌變法」七年後（一九〇五年），日本在「日俄戰爭」中擊敗了俄國，立刻被立憲運動者解讀為是「立憲戰勝了專制」，熱烈要求清廷取法日本，俾能真正做到富國強兵。

清廷對於這樣的呼籲沒有排斥，先派遣了幾位大臣出國考察，翌年（一九〇六年、光緒三十二年）便下詔預備立憲。

兩年後，清廷先在六月頒布了《諮議局章程》及《諮議局議員選舉章程》，八月又頒布了《憲法大綱》，預備九年後召開國會（此時，清廷還不知道他們根本就沒有九年了……）。

而在民間，梁啟超在日本繼續大力鼓吹君主立憲的優點及必要性，中國本土士紳如張謇（一八五三～一九二六年）等人，在上海組成「預備立憲公會」，緊接著湖北、湖南、廣東等地，也都紛紛成立了類似的團體。

一九〇九年（宣統元年），這時光緒皇帝和慈禧太后都已經死了，各省諮議局成立，便於為各省立憲運動的發展。擔任江蘇諮議局議長的張謇，率先邀請十六省諮議局代表，合組請願聯合會，展開了請願活動。

請願什麼呢？他們希望清廷能夠加快立憲的腳步。

接下來，民間團體、海外華僑，甚至還有不少官員也都不斷呼籲，希望盡速立憲，立憲運動可說是推展得如火如荼。

然而，清廷的反應卻相當冷淡，甚至還試圖壓制要求盡速立憲的聲音，遂漸漸失去了立憲派仕紳的支持。

後來，清廷雖然宣布將預備立憲的年限從九年縮短為六年，但大家還是認為改革的步伐太慢，再加上清廷又反復無常，譬如忽然將東三省代表押解回籍、下令各省督撫壓制請願行動等等，完全失掉了立

張謇——張謇是江蘇人，是清末狀元，也是中國近代實業家、教育家和政治家。他主張「實業救國」，所謂「實業」就是指商業、工業、礦業、交通業等等。

張謇一生創辦了二十多個企業、三百七十多所學校，為中國近代民族工業的興起和教育事業，都做出了寶貴的貢獻，被稱為「狀元實業家」。

憲派的人心。

要知道，這些立憲派大多出身官僚和仕紳，原本都是清廷的支持者，可隨著立憲運動情勢的演變，到頭來他們在失望之餘，反而成為反對清廷的重要力量，清廷的危機也就更加嚴重。

終於，一九一一年十月十日武昌起義（「辛亥革命」首義）的成功，宣告了大清王朝的覆滅。革命黨在南京建立臨時政府，各省代表推舉孫中山（一八六六～一九二五年）為臨時大總統，亞洲第一個民主共和國——中華民國，就這樣誕生了。

圖為武昌起義後、1912 年元旦的上海街景。革命成功後，滿街掛起了建國初期使用的五色旗。

3 多重危機與第一次世界大戰

從「日俄戰爭」結束那一年（一九〇五年）開始算起，一直到一九一四年，這九年期間，歐洲歷史處於一種國際性的混亂。

也就是說，在一九一四年、「第一次世界大戰」（簡稱「一戰」）爆發之前的歐洲，就已頻頻發生國際危機，最終，一場大規模世界性大戰的爆發，似乎是必然的結果。

◆日益緊繃的國際局勢

比方說，發生過兩次摩洛哥危機，這實際上是德國、英國、法國等幾個大國之間的角力。德皇威廉二世鄭重宣稱，德國將保障摩洛哥的獨立與完整，其實目的是想要阻撓英、法交好。又如，俄國在遠東的擴張行動在「日俄戰爭」受到挫敗，因此轉而對占領巴爾幹半島採取比較積極的態度等等。

總之，十九世紀末、二十世紀初，為了爭奪世界霸權和殖民地，歐洲列強之間矛盾不斷，關係比較緊張的有法國和德國（法國自從在一八七〇年「普法戰爭」中戰敗、西歐霸主的地位被德國取而代之以後，國內各個階層就一直都是報仇心切，而德國對此則極為防範）；英國與德國（英國致力於維持歐洲均勢，不願意看到德國特別強大）；俄國與奧匈帝國（兩國對巴爾幹半島展開了爭奪）等。

而隨著國際局勢的緊張與危機頻仍，軍備競賽也成為歐洲列強之間司空見慣的事，整個歐陸的情勢益趨緊張。不過，也有一些和平運動，希望能夠以國際法和仲裁方式來消弭軍事衝突，譬如從十九世紀以來，各國就救護（紅十字會）、電話、電訊、版權、專利等問題，達成了一些協定。

值得一提的還有「海牙和平會議」，在一戰爆發之前，一共舉行過兩次。

第一次的召開時間是在一八九九年，由俄皇尼古拉二世邀請各國參加，除了人道主義的因素，多少也有因為在軍備競賽下深感財政困難，而希望以此謀求緩解的意思。參加的國家有二十六個，雖然反應並不算很熱烈，好歹也簽定了一些協約，大家約定要用和平方式來解決國際爭端，也約定如果發生戰事，將禁用瓦斯戰，並保證會善待戰俘和傷患等等。此外，海牙法院、也就是常設仲裁法院，也是在這一次的和平會議中設立的。

紅十字會的標誌。

原定要在五年後（一九〇四年）召開第二次「海牙會議」，但後來因「日俄戰爭」而推遲到一九〇七年才舉行。這一次是由美國總統狄奧多．羅斯福（一八五八～一九一九年）召開，共有四十四國參加，儘管英國大聲疾呼的裁軍問題沒有獲得什麼響應，但還是有若干成就，譬如英、法、義及北歐諸國，都同意以仲裁方式來解決彼此之間的爭端。

第三屆「海牙和平會議」原擬在一九一五年舉行，然而在前一年，一戰就爆發了，從十九世紀初、一八一五年「維也納會議」以來所建立的百年和平，也就這樣被打破（我們在卷八《近世史II》講述過「維也納會議」）。

當然，這個意思並不是說這一百年來都沒有發生過戰爭，只是與為期四年的一戰相比，在時間上都比較短暫，而且都是局部性的；可一戰卻牽扯了整個歐洲，最後連在亞洲的日本以及位於北美洲的美國，也都加入了戰爭。

從之前就已經存在著這麼多、暗潮洶湧的國際危機，就可以了解一戰爆發的成因錯

第一次海牙和平會議，與會者的合影。

綜複雜，有民族主義的鬥爭、帝國主義的衝突、國際同盟的對峙、日益昌盛的尚武精神（從十九世紀下半葉以來，很多爭端最後都是用武力解決）、各國內政的問題（如同我們在第一節講述的各國政治狀況，史學家認為有的國家，譬如德國，就是藉戰爭來消除國內黨爭、加強人民的凝聚力）。

還有涉及經濟與商業利益競爭的因素。自從各國都開始走上工業化的道路之後，歐洲各國之間都普遍存在著商業競爭，英、德兩國的競爭尤其白熱化；英國是老牌工業王國，可是從十九世紀下半葉之後，德國就急起直追，儼然有凌駕英國之勢。

然而，之所以會爆發一戰的主因，應該還是可歸於兩方面：一，奧匈帝國和俄國在巴爾幹半島的權力爭奪；二，英國和法國擔心德國過於強大，會控制整個西歐，因此必須阻止。

也就是說，雖然說是「世界大戰」，戰場也確實不僅僅是在歐洲，而同時也涵蓋了中東、太平洋、地中海，以及亞洲、非洲的部分地區，但爆發戰爭的主要淵源地仍在歐洲，且確切的說是在東南歐。

一戰的導火線

一戰真正的導火線是一次暗殺事件，被稱為「塞拉耶佛事件」。

一九一四年六月二十八日，奧匈帝國皇位繼承人斐迪南大公（一八六三～一九一四年）夫婦，在巴爾幹半島的塞拉耶佛，雙雙遭到塞爾維亞一個民族主義者暗殺身亡，舉世震驚。暗殺者的動機是不滿斐迪南大公的政治主張；當時斐迪南大公主張要兼併塞爾維亞，將當時由奧地利、匈牙利所組成的二元奧匈帝國，擴大為三元帝國。

事發一個月後，奧匈帝國向塞爾維亞宣戰。

從暗殺事件發生到宣戰，這一個月雙方經過了一連串的外交往來，包括奧匈帝國在七月初，先派代表至柏林，爭取德國的支持。俄國也向奧匈帝國提出警告，表示俄國不會坐視不管，必要時將會支持塞爾維亞，與此同時，俄國還提醒奧國，俄國還有法國這個堅定的盟友……

無論如何，戰爭終究還是爆發了。

這一打就是四年，超乎了很多人的意料。一開始，很多人都認為戰爭很快就會結束，應該不會超過半年，尤其德國的地理位置在法國和俄國之間，如果時間一拖長就容易兩面受敵，德國向來又以攻堅見長，最適合速戰速決。

然而，開打之後，情勢就迅速演變，各國紛紛捲入。

還記得我們在卷八《近世史II》中講述過，歐洲列強在十九世紀末、二十世紀初，彼此之間不斷的合縱連橫，從而形成了兩個互相敵對的陣營嗎？當時列強所簽定的盟約都強調，一旦爆發戰爭應如何互相援助，因此，在一戰之初，德國原本確實是希望戰爭能夠局部化，但終因列強均無法置身事外而未果。

義大利報紙刊登的一張插圖，描繪了塞拉耶佛事件的事發瞬間。

一戰的交戰方稱為「協約國」與「同盟國」，前者包括英國、法國、俄國、美國、義大利等，後者包括德國、奧匈帝國、土耳其、保加利亞等。

戰爭的殘酷現場

戰爭爆發之後，主要戰場在歐洲，但德國本土基本上沒有戰事。陸上的戰鬥大致分東西兩線。英國、法國、比利時等國的軍隊與德軍在西線對抗。俄國軍隊與奧匈帝國、德國，則在東線對抗。東線是主要戰線，但對這場大戰而言，決定性的關鍵在於西線。

戰爭初期，在西線的戰鬥中，雙方皆損失慘重但又僵持不下，只好挖掘壕溝、布置鐵絲網。這樣的戰線跨法國、比利時，而由北海海峽連接至瑞士，長度近一千公里，敵軍之間的距離往往不超過九十一公尺，有的地方甚至僅僅只有二十七公尺，但就是沒有一方能夠向前推進。中間是所謂的「無人地帶」，這就是「壕溝戰」。這樣的對戰，一直持續到戰爭結束。

這是因為在戰爭初期，騎兵沒有攻堅之力，飛機僅能用於偵察和測量，轟炸的效能不高，主要武器仍為砲和機關槍，而坦克要到戰爭末期才出現在戰場上。

日後，德國作家雷馬克（一八九八～一九七〇年）的作品《西線無戰事》，就是描述在對峙中，交戰雙方數百萬士兵，日復一日，每天無事可做，就只是蹺縮在壕溝的泥漿之中，與老鼠、跳蚤、虱子為伍，等著一天結束。戰報中會照例報告一句「西線無戰事」，雷馬克就是用這公式化的句子做為書名。

這是雷馬克一生的代表作，深刻的刻畫了戰爭的慘烈。當時參與「壕溝戰」的士兵，在寫家書的時候，不約而同總是如此描述：「這裡簡直就是人間地獄。」

這樣的形容一點兒也不誇張。壕溝內由於衛生條件極差，痢疾、霍亂感染橫行，每一個受了傷的士兵都因此面臨了極大感染死亡的風險。此外，戰壕在雨季容易坍塌，冬季又異常寒冷，一年到頭，大家還不時會看到屍體就那麼一直在無人區堆積著，直到徹底腐爛到無法辨識……「壕溝戰」的一切，處處都令士兵身心飽受摧殘。

海上的戰爭，則集中在英國等協約國封鎖德、奧集團，以及同盟國的反封鎖上。

第一次世界大戰中，在壕溝裡的士兵。攝於 1916 年。

至一九一七年二月一日，由於德國宣布將採取「無限制潛艇作戰」政策，意思就是說，德國潛艇可以事先不發出任何警告，就任意擊沉任何開往英國水域的商船，目的是要對英國進行封鎖。

大約兩個月後（四月六日），原本一直極力避免捲入戰爭的美國，終於也向德國宣戰，宣戰的理由是「要使民主政治屹立於世界」。實際上，除了出於道義（「無限制潛艇作戰」的政策將會濫殺平民），也有商業利益的考量，譬如美國對協約國的信託貸款，大大刺激了美國的鋼鐵業、生棉業和糧食業。

一九一七年，這一年除了美國的參戰，還發生另外一件大事，就是俄國的崩潰，從而促使東線戰爭畫上了句點。

從「日俄戰爭」到一戰，俄國的社會矛盾激化，而俄國軍隊在一戰前線不斷的損兵折將，更是徹底摧毀了俄皇尼古拉二世的形象。一九一七年，俄國在一年之內爆發了兩次革命，分別為「二月革命」和「十月革命」，最後以

一戰時期的德國 U-14 潛艇。

列寧（一八七〇～一九二四年）為首的蘇維埃政權控制了局面，俄國長久以來的君主專制到此宣告完結，尼古拉二世成了末代沙皇，最終一家七口遭到祕密處決。

近一個世紀之後（二〇〇八年），俄羅斯最高法院正式為尼古拉二世平反，宣布他的家族都是蘇聯鎮壓下的受害者。

一戰的結束

一戰大致可分為三個階段，從一九一七至一九一八年是第三個階段、也是最後一個階段，協約國的陣營已經增加到二十七個國家，其中也包括了中國。

一九一八年三月，德軍試圖在西線發動攻勢但失敗了。五個月後，協約國展開犀利的反攻，把德軍趕出法國和比利時國境，此時德軍主力已經開始瓦解。

九月十五日，保加利亞的軍隊被協約國擊潰，月底投

蘇維埃政權的領袖列寧。1917 年的革命結束、舊帝制垮臺後，由他掌管大權。

1917 年集結於彼得格勒（現稱「聖彼得堡」），參加革命的武裝工人、士兵與警察。

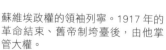

降。一個月後，土耳其投降，過了沒幾天、十一月三日，奧匈帝國投降。

就在奧匈帝國投降的第二天，德國基爾軍港的海軍艦隊水兵起義，五天之後，柏林工人罷工、士兵武裝起義，時年五十九歲的德皇威廉二世只得被迫宣布退位，同月十日逃往荷蘭，再隔天，德國正式宣布投降。

一戰至此終告結束。

一戰是歐洲歷史上破壞性最大的戰爭之一，大約一共有六千五百萬人參戰、一千多萬人喪生、兩千萬人受傷，同時也造成了嚴重的經濟損失。

不過，一戰也促進了科技發展，在世界武器發展史上是一個重要的階段。

"All the News That's Fit to Print."

The New York Times.

THE WEATHER

ARMISTICE SIGNED, END OF THE WAR! BERLIN SEIZED BY REVOLUTIONISTS; NEW CHANCELLOR BEGS FOR ORDER; OUSTED KAISER FLEES TO HOLLAND

SON FLEES WITH EX-KAISER

Hindenburg Also Believed to be Among Those in His Party.

ALL ARE HEAVILY ARMED

Kaiser Fought Hindenburg's Call for Abdication; Failed to Get Army's Support in Keeping Throne

BERLIN TROOPS JOIN REVOLT

Reds Shell Building in Which Officers Vainly Resist.

THRONGS DEMAND REPUBLIC

GENERAL STRIKE IS BEGUN

Socialist Chancellor Appeals to All Germans To Help Him Save Fatherland from Anarchy

GERMAN DYNASTIES BEING WIPED OUT

MORE WARSHIPS JOIN THE REDS

WAR ENDS AT 6 O'CLOCK THIS MORNING

The State Department in Washington Made the Announcement at 2:45 o'Clock.

ARMISTICE WAS SIGNED IN FRANCE AT MIDNIGHT

Terms Include Withdrawal from Alsace-Lorraine, Disarming and Demobilization of Army and Navy, and Occupation of Strategic Naval and Military Points.

WASHINGTON, Monday, Nov. 11, 2:48 A. M.—The armistice between Germany, on the one hand, and the allied Governments and the United States, on the other, has been signed.

The State Department announced at 2:45 o'clock this morning that Germany had signed.

The department's announcement simply said: "The armistice has been signed."

The world war will end this morning at 6 o'clock, Washington time, 11 o'clock Paris time.

The armistice was signed by the German representatives at midnight.

This announcement was made by the State Department at 2:50 o'clock this morning.

The announcement was made verbally by an official of the State Department in this form:

"The armistice has been signed. It was signed at 5 o'clock A. M., Paris time, [midnight, New York time,] and hostilities will cease at 11 o'clock this morning, Paris time, [6 o'clock, New York time.]

The terms of the armistice, it was announced will not be made public until later.

《紐約時報》1918 年 11 月 11 日的頭條，報導戰爭終於結束的消息。

4 巴黎和會與國際新秩序

一戰的影響

一戰爆發於歐洲的百年和平之後，自然會帶來很大的影響。

顯示了現代戰爭的殘酷及強大的破壞力

一戰死亡人數是西方從十八世紀末（一七九〇年）至一九一三年間，所有主要戰爭的兩倍；一戰的總花費為三千三百億美元（也有三千三百七十億美元之說），在戰爭頭三年，交戰國每分鐘大約花費八萬五美元，而在戰爭最後一年、一九一八年的平均花費更倍於此——這些數字還不包括對傷殘軍人的付給、戰債的利息，以及對退伍軍人的照顧等等；一戰所造成的財產損失亦極為驚人，法國北部與比利時某些地區更成了一片廢墟……

戰爭性質的改變

首先，一戰呈現了一個重要的性質，那就是「消耗戰」。由於需要大量的物質來供應，因此每個參戰國都必須在物資的生產與分配上大費心思。在開戰後還未滿一年，英國就成立「軍火部」，是政府干預工業顯著的例子，後來幾乎各國都採取了同樣的做法。

其次，參戰國普遍都把國內稱為「後方」或是「國內陣線」。這樣的新術語，說明了參戰是全國每一個老百姓的事，每一個人都與戰爭密切相關，因此「宣傳戰」變得極為重要，必須不斷鼓舞全民鬥志，在同仇敵愾之餘萬眾一心。一戰中，協約國在這方面做得比較出色。

●對歐洲社會的影響

一戰所造成的人員傷亡數量之大，是西方自十四世紀中葉、黑死病流行之後所沒有過的，這自然對歐洲社會產生了極為深遠的影響。想想看有多少優秀的人都因這場大戰而死？這樣的損失實在是難以估計。

另一方面，在大戰過後，儘管歐洲的政治亦趨民主化，譬如在德國、英國、瑞典等國家，女人都獲得了投票權，在比利時與俄國的投票限制亦告解除。然而，一戰過後是一個嶄新的世界，戰前原有的社會秩序不復存在，中上層人士仍希冀回到戰前的狀態，工人階層卻堅持社會改革，再加上人民參政權（投票權）的擴大，各國社會自然就益發的緊張與衝突。在這方面，德國、義大利與西班牙較為嚴重，法國與奧國次之，英國、荷蘭、比利時與北歐各國又更次之。

歐洲與美國經濟地位的改變

戰前，美國吸取歐洲資本進口，而向歐洲輸出食品及原料。而在一戰之後，這樣的國際貿易狀態完全改變，美國不僅變成擁有最大生產力的國家，同時也變成握有最大財政資源的國家。

國際結構的改變

一戰使奧匈帝國、土耳其帝國、德國與俄國四個大帝國瓦解，這麼一來，中歐與東歐長期受挫的民族主義就得到了出路，因此，芬蘭、立陶宛、拉脫維亞、愛沙尼亞、捷克、波蘭與南斯拉夫都得到獨立。與此同時，民族主義在世界各地也都有了進一步的發展。

國際政治的變化

一戰加速了歐洲從「均勢」發展到世界政治的時代。其實從一八九八年「美西戰爭」以後，世界政治便進入了「後歐洲期」，一戰更是大大破壞了過去歐洲列強一直想要維持的「均勢」基礎。因此，如果僅從這一點來看，歐洲各國在一戰中可以說都是輸家，沒有贏家。

巴黎和會

在協約國與德國停戰後的九個星期、一九一八年一月十八日，關於如何處理一戰過後的和會便在巴黎召開，是為「巴黎和會」。

這是一個勝利者的大會，參加的有三十二個國家，而有三類國家未獲邀請參加：一，中立國；二，正處於內戰的國家，以及在戰爭結束前一年即已退出戰團的俄國；三，戰敗國，也就是德國、奧國、匈牙利、保加利亞和土耳其。

後世史學家普遍認為這樣的做法並不適當，比方說，中立國在戰爭中也受到戰火的波及，影響至深，當然也有權出席像這樣討論世界善後的集會；戰敗國（特別是德國）未能參加，使合約平添了濃厚的強制色彩，進而使後來不得不接受合約的德國蒙上了一層屈辱。

更何況，和會最重要的工作，便是完成對德國的合約，也就是**《凡爾賽條約》**。這個條約是現代史上經常被批評的條約之一，因為其中的條文對德國太過嚴苛，嚴重傷害了德國人民的民

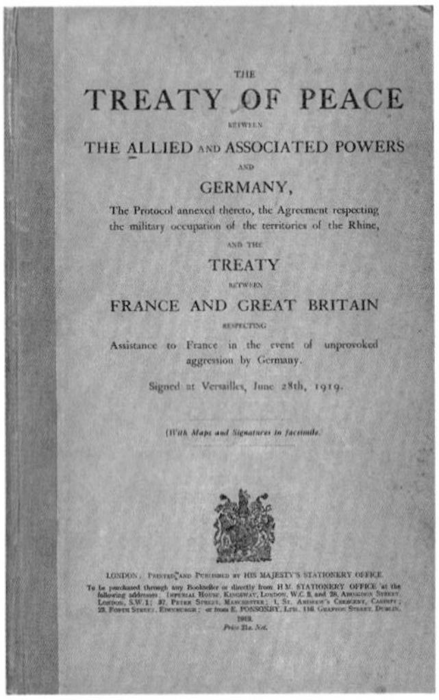

《凡爾賽條約》英文版封面。

《凡爾賽條約》——《凡爾賽條約》與另外四個條約構成《巴黎和約》。

族情感，反而種下了禍根，導致戰後的世界只保持了二十年不太穩定的和平，至一九三九年九月，二戰就爆發了。

因此，法國元帥福煦（一八五一～一九二九年）日後評論：「這不是和平，而是二十年的休戰。」

我們就來看看《凡爾賽條約》是如何「懲罰」德國。

按這個條約，德國失去了八分之一的領土和十分之一的人口，所有殖民地被戰勝國（英國、法國、日本、比利時）瓜分；往後的軍備將受到嚴格的限制，海陸空三軍加起來，只能擁有一支十萬人的軍隊，軍火生產只限於少數的工廠，且必須在協約國的監督之下進行，參謀本部一類的組織一律不准設立。德國還必須承擔全部戰爭的責任、接受戰犯審訊。一九二〇年，協約國向德國提出一份列了九百名戰犯的臨時名單，後來經過協商，協約國總算同意德國不必交出這些戰犯，而由德國設於來比錫的最高法院審訊。後來德國對此算是敷衍了事，只有十二名被起訴，最高量刑不過四年監禁。

當然，條約還規定德國必須賠償，賠償多少呢？三百三十億美元（還有三百五十億美元之說）！

如此天文數字，實在是超出任何一個國家的支付能力，而且條約還規定在一九二一年五月一日之前、也就是戰後還不到三年，德國就需先行賠償五十億美元，其餘的則在三十年之內付清。

德國毫無疑問受到了很大的傷害，《凡爾賽條約》不僅給德國經濟戴上了一副沉重的枷鎖，不少學者還認為這刺激了德國國內民族激進意識的膨脹，對德國戰後的發展產生了不良的作用，乃至於最後被野心家所利用。

「巴黎和會」實際上是一戰過後，帝國主義列強重新瓜分世界的一場「分贓大會」，由大國操縱的痕跡至為明顯。更進一步來說，一切都是由「三巨頭」來處置，分別是美國總統威爾遜（一八五六〜一九二四年）、英國首相勞合喬治（一八六三〜一九四五年）以及法國總理克里蒙梭（一八四一〜一九二九年）。

其中克里蒙梭是力主肢解德國、要求以最大限度削弱德國的人，為的就是好

巴黎和會的「三巨頭」，由左到右依序是英國首相勞合喬治、法國總理克里蒙梭和美國總統威爾遜。

讓法國稱霸歐洲大陸。《凡爾賽條約》在很大程度上就是他的「傑作」，因此被當時的歐洲人稱為「勝利之父」，但其實也為二戰時德國的反撲報復埋下了伏筆。

一九一九年六月二十八日、就在斐迪南大公遇刺五周年那一天，《凡爾賽條約》終於在凡爾賽宮的鏡廳簽字。這個簽約地點對於德國來說自然又是一大打擊。

還記得嗎？我們在卷八《近世史II》中講述過，在近半個世紀以前（一八七一年）一月中，德意志帝國就是在凡爾賽宮的鏡廳正式成立的。

只有中國，因為反對在《凡爾賽條約》中對於山東問題的處理，因此拒絕簽字，此事也引發了轟轟烈烈的「五四運動」。這個部分，我們將在下一節中再做講述。

《凡爾賽條約》簽定之後，「巴黎和會」的重

畫作《在鏡廳簽署和平協議》，繪於 1919 年 6 月。

頭戲就告落幕，但其他對奧、保等國的條約簽定仍在繼續，至翌年（一九二〇年）一月二十一日，「巴黎和會」才正式宣布結束。

追求國際新秩序

經過四年的世界大戰，大家都犧牲慘重，很自然都對戰後建立新的國際秩序寄予厚望，於是就有了「國際聯盟」（簡稱「國聯」）的建立。

對於這個國際機構的出現，美國總統威爾遜推動最力。威爾遜是美國歷來唯一一位擁有哲學博士頭銜的總統，一九一九年，更被授予當年的諾貝爾和平獎。

一戰爆發時，威爾遜正是美國總統（是他的第一個任期），他認為美國大眾並不希望捲入戰爭，所以一直力求維持中立。一九一六年、此時戰爭已爆發一年多，他在競選第二任總統時，雖然他的競選團隊仍然是以「他讓我們遠離戰爭」做為號召，可威爾遜從未誓言「即使受到挑釁也絕不參戰」，在發表接受民主黨黨內提名的演說時，也極具針對性的警告德國說，他不會容忍給美國人造成生命損失的潛艇戰。

後來，威爾遜贏得了一九一六年的大選（不過算是贏得有些勉強，優勢並不明顯），翌年二月初，由於德國宣布將採取「無限制潛艇作戰」，美國才終於參戰。對威爾遜來說，如果能夠成立「國際聯盟」，將會使美國的參戰有了積極的意義。

在一九二〇年一月十日《凡爾賽條約》生效之後，「國際聯盟」也立即宣告成立，聯盟約章主要的實際起草人是英、美兩國的法律顧問。

「國際聯盟」的宗旨與組織均見諸其約章，是以促進國際合作、達成國際和平與安全為目的，在基本精神上，是一種集體安全的措施。

最初的會員國只有四十五個，其中三十二個是參加「巴黎和會」的國家，其餘十三個是中立國。諷刺的是，倡議的美國反倒沒有參加，這是因為當時美國國會是由共和黨所控制，威爾遜身為民主黨籍的總統，本來就容易受到杯葛，偏偏他一方面沒能組一個囊括兩黨人士的代表團去參與「巴黎和會」，另一方面又拒絕修改《凡爾賽條約》來緩和國會的反對，以至於最後參議院否決了合約，美國也因此未能加入「國際聯盟」。之後，「國際聯盟」無法發揮更有效的作用，與美國拒絕加入，有相當大的關係。

此外，在一九四六年四月解散之前，世界上重要的國家也從未在同一時期待在「國際聯盟」之內過。「國際聯盟」本身沒有軍隊武力，在必要的時候還是需要依賴大國援助，然而，由於缺乏執行決議的強制力，自然很難發揮預期的作用。

一九三四年九月二十八日至一九三五年二月二十三日，這五個月是「國際聯盟」發展的高峰期，擁有五十八個會員國。

不過，在「國際聯盟」存在的二十六年之間，一些非政治性的工作還是做得相當不錯的，譬如，「國際勞工組織」對於改進工人的工作環境、工作報酬和社會保險方面，就頗為努力。

5 中國的啟蒙運動：五四新文化運動

首先，我們應該把「五四運動」的定義解釋一下。

五四運動的狹義解釋

五四運動狹義的解釋，是因「巴黎和會」而起。

中國在一戰期間參加了協約國，向同盟國宣戰，不僅在戰爭期間支援了協約國大量的糧食，還派出近十八萬勞工到歐洲支援，犧牲了兩千多人，確實做出了一定的貢獻。

當一戰結束，協約國獲得勝利，中國各界均欣喜若狂，各地都歡欣鼓舞的舉行慶祝勝利大會，全國學校還放假三天，一時之間，到處都是鑼鼓喧天、熱鬧非凡。大家都滿懷希望，因為中華民國自成立以來，政局始終動蕩不安，而帝國主義（尤其是日本）又咄咄逼人、步步進逼，大家都寄望於藉著這次和會的召開，此後的國際局勢將會轉變得對中國比較有利。至少同屬於戰勝國的中國，希望能在和會中索回被德國強占的山東半島。

在和會之初，儘管日本不斷在會議上質疑中國做為戰勝國的資格、排斥中國與會，但沒有得逞，讓中國國內鬆了一口氣。而美國總統威爾遜所高舉要藉和會建立國際新秩序的理想，以及廢除祕密外交、主張民族自決等主張，都受到中國知識界的讚賞。然而萬萬沒有想到，後來和會的結果，竟然是英、美、法列強同意將德國在中國強占的山東半島，轉交給日本！

也就是說，按《巴黎和約》，戰前德國侵占中國的山東膠州灣的領土，以及那裡的鐵路、礦產、海底電纜等等，都將通通歸日本所有！

消息傳來，對中國來說猶如是一盆冷水兜頭澆下，大家都失望、憤慨至極，既痛恨列強橫暴依舊，對於負責處理對日交涉官員的無能更是大感憤怒，民族主義的情緒達到了頂點。

這年（一九一九年）五月四日，北京各大專學生集會，舉行示威遊行。學生這種出於愛國熱忱而發動的抗議和示威行動，立刻就在中國各大城市迅速蔓延，並且得到社會各界的認同，工商界很快便以罷市、罷工等行動做為響應。

這樣過了一個多月，六月二十七日，在「巴黎和會」即將閉幕的前一天清晨，在巴黎的大批華工和中國留學生，也舉行了聲勢浩大的抗議活動。隔天，也就是「巴黎和會」最後一天的清晨，三萬多名華人齊集在中國代表團的住所外面，大喊：「不能簽字！」甚至還有人激動的喊著：「誰簽字，就打死誰！」……

最後，當全體戰勝國都在合約上簽字的這一天，中國代表顧維鈞（一八八八～一九八五年）沒有出席會議，拒絕簽字，並且向和會提出兩項提案：一，取消帝國主義在中國的特權；二，取消日本強迫中國承認的「**二十一條**」，收回山東的權益。但這兩項提案均

五四運動中有不少學生因為參與抗爭而被逮捕。圖為當時被捕學生的合影。

被否決。

無論如何，至少中國拒絕在《巴黎和約》上簽字，並聲明保留中國政府對德約最後之權，至此，中國國內的事態便漸漸平息。又過了將近一個月、到了七月二十二日，全國學生聯合會宣言結束罷課，可以說學生得到了勝利，運動到此告一個段落。

這便是狹義的「五四運動」，亦稱「五四事件」。

這是中國現代史上一場學生首度以群眾的力量，迫使政府改變政策、產生作用的運動，影響至為深遠。參與的學生大多都受到新思潮的感染，此後更紛紛成為新文化運動的生力軍，在不同領域都各有表現，甚至還產生了社會效應，鼓舞社會其他階層的人士比以往要更關心國事，直接影響了接下來的歷史發展。

五四運動的廣義解釋

採廣義解釋的「五四運動」，則是將一九一五年（民國四年）到一九二三年（民國十二年）、這八年之間，各種思想、文化、政治、經濟

二十一條——一九一五年一月中、在一戰爆發半年後，日本趁著歐美各國無暇東顧，向中國提出了二十一條非常無理的要求，企圖將中國的領土、政治、軍事及財政等等，都置於日本的控制之下，強迫中國接受，這些條款被稱為「中日二十一條」。

後來在一戰結束四年後（一九二二年）的「華盛頓會議」上，廢除了部分條款，隨後條約內容不斷被改寫，直到一九四五年、日本在二戰中戰敗後被徹底廢除。

與社會的重大變革事件，全部涵括在內，實際上也就是「五四新文化運動」。

中華民國自建立以後，局勢多艱，內部的環境自然難以符合知識分子的期望，外在來自帝國主義的野心又未曾稍減，尤其以日本對中國的壓迫最甚，激起中國各界、特別是知識界的反抗，一群新生代知識分子就此躍登歷史的舞臺。

若與過去生活在戊戌維新以及辛亥革命時代的知識分子，譬如康有為、梁啟超、譚嗣同等相較，這群新生代的知識分子，大多誕生在十九世紀末，而且幾乎都是出生在十九世紀的最後二十年，他們在成長過程中都曾受到過康、梁等人的影響。不少人還曾熱血投身過清末的革命運動。譬如學者陳獨秀（一八七九～一九四二年），就曾經因為進行過反清宣傳活動，而受到清廷的通緝；民初兩位重要的思想家和文學家，魯迅（一八八一～一九三六年）與胡適（一八九一～一九六二年），也都曾經在清末革命派的刊物上撰寫過文章，宣揚革命理念。中華民國成立的時候，他們都還很年輕——胡適那年二十一歲，魯迅三十一歲，陳獨秀三十三歲。

這群新生代的知識分子，都受過現代學術的訓練，譬如陳獨秀曾經就學於日本早稻田大學，魯迅曾就讀於日本仙台醫學專校醫學科，胡適則在美國取得博士學位。他們在「五四新文化運動」時期，大多都已登上了大學講壇，培育、影響了下一個世代的知識分子。

譬如著名歷史學家和古典文學研究專家傅斯年（一八九六～一九五〇年）、著名歷史學家和民俗學家顧頡剛（一八九三～一九八〇年）等人，就曾都在北京大學（簡稱「北大」）修過胡適的課，胡適的學術觀點對他們的影響很大。又如中國共產黨創始人之一、同時也是「五四事件」的學生領袖之一的張國燾（一八九七～一九七九年），也曾在北大念書時受到李大釗（一八八九～一九二七年）的啟發。李大釗和胡適的年齡相仿，和陳獨秀一樣也念過日本早稻田大學，念的是政治本科，被譽為「中國共產主義的先驅」，同時也是中國共產黨的主要創始人之一。

總之，這一群新時代知識分子在歷史舞臺上發光發熱，都產生了各自不同的影響。

五四新文化的推手

若論「五四新文化的倡導者」，最重要的人物，當首推陳獨秀。他所創辦的《新青年》（原名《青年》）月刊，第一號於一九一五年九月在上海出版，這份刊物成為新一代知識分子齊心協力，共同鼓吹新思潮的重要陣地。他們宣揚「文學革命」、「思想解放」的理念，宣稱要盡心盡力讓大家「了解各國事情，以及各個學術思潮」。他們擁護「德先生（代表Democracy，民主）」和「賽先生（代表Science，科學）」，認為只有「德先生」和「賽先生」才能整治中國思想、政治、道德和學術上的一切黑暗。

其他很多新時代的知識分子，也都紛紛熱烈創辦各種刊物，大多都是熱情洋溢的自寫自編，目的就是想要引介各種新思潮。據保守估計，在「五四事件」發生後的半年之內，中國出現了大約四百種新的白話報刊。

一般報刊也紛紛開始刊載各種介紹西方思潮、以及討論問題的文章。譬如在上海發行的《時事新報》，從一九一八年（民國七年）三月初開闢副刊《學燈》，宗旨是要「促進教育，灌輸文化」，灌輸什麼文化呢？自然是新文化了。

當時的《時事新報》、《晨報》、《京報》和《民國日報》，也都開闢了同樣性質的專欄，號稱「四大副刊」。

《青年雜誌》第一期封面。

反清的革命領袖之一，陳獨秀。

除了以新報刊做為傳播新思潮、新文化的媒介之外，學校與社團也是重要的媒介，尤其是大學。

在這一方面，由著名教育家蔡元培（一八六八～一九四〇年）擔任校長的北京大學，是帶動新思潮最重要的陣地。蔡元培在一九一六年（民國五年）年底受命主持北大校務之後，就開始進行改革，他調整了科、系設置，充實教學內容，積極提倡學術自由，倡導「思想自由」、「兼容並包」的理念。他不問政治立場，只問有無真才實學，聘請了大批對於教育事業滿懷熱情的著名學者前來任教，如陳獨秀、胡適、李大釗等等，北大學風頓時丕變，而且這些傑出人士後來也都成為中國現代史中的重要人物。

蔡元培在北大所實施的諸多革新措施，不僅深深影響了北大，對整個中國近代史也都具有非常重要的意義，可以說不僅推動了新文化運動的發展，也為不久後發生在一九一九年（在他擔任北大校長兩年多以後）的「五四事件」，奠定了基礎。

而在「五四事件」爆發之後，蔡元培除了肯定學生的愛國行動，也多方營救被捕的學生，表現出一位校長應有的擔當與魄力。

第二章 中、俄新時代

在這一章，我們要來了解沙皇制度是如何走到了盡頭，
中國共產黨和蘇聯又是如何成立。
這些事件不只是中、俄的歷史轉捩點，
對整個世界歷史也都具有極為重要的影響。

1 中國共產黨的成立

中國共產黨，簡稱「中共」，創建於一九二一年七月二十三日。二十八年之後（一九四九年），在北京建立實行社會主義制度的中華人民共和國，這不僅是中國歷史上的大事，也是世界性的大事。

迄今為止，中華人民共和國仍是一個由中國共產黨領導，多黨參政和議政的人民政府，實際上，中國共產黨就是唯一的執政黨。

共產思想的引進與建立

從十九世紀中葉以後，隨著帝國主義的入侵以及現代工業化的發展，中國產生了無產階級，然後就不斷發展壯大。在一戰結束的時候，無產階級已經至少有兩百萬人左右。無產階級的產生和發展，為中國共產黨的建立奠定了基礎。

一九一七年，俄國「十月革命」成功以後，共產主義的思想傳入了中國。一戰結束後四個月左右（一九一九年三月），「共產國際」在莫斯科宣告成立，並鼓勵全世界無產階級都一起來推翻資產階級的統治，建立無產階級專政，使不少中國知識分子都頗受觸動。

大約兩個月後，「五四事件」發生，中國內的無政府主義、共產主義等激進意識形態，開始與社會運動結合，各地都開始出現了共產主義研究小組，創建者都是一些接受了許多新思潮、滿腔愛國熱情的知識分子，其中，陳獨秀是第一個公開支持列寧主義與世界革命的學者。

所謂「列寧主義」（又稱為「帝國主義和無產階級革命時期的馬克思主義」）富有多重意涵，比方說，認為帝國主義是一個壟斷的、腐朽的、垂死的資本主義，必然會激發無產階級社會革命；無產階級專政是民主的最高形式；無產階級必須建立新型的革命政黨；並預言社會主義將首先在一個或幾個國家獲得勝利等等。

陳獨秀和李大釗都把俄國的「十月革命」視為是一項極具開創性的行動，預示著許多被壓迫的國家即將進入新的時代。

接下來，這些共產主義研究小組成員，便有組織、有計畫的擴大有關馬克思主義的研究和宣傳。

共產國際成立後，於 1919 年至 1943 年間，曾以多種歐洲語言出版了同名雜誌。圖為俄文版。

在這裡，我們需要解釋一下，「馬克思主義」和「馬克思列寧主義」是不一樣的，前者是「馬克思主義理論體系」的簡稱，後者則是指由列寧發展起來的馬克思主義。

馬克思（一八一八～一八八三年）又是誰呢？他是德國人，有很多身分，包括思想家、哲學家、政治學家、社會學家、經濟學家、革命理論家等等，是「馬克思主義」創始人之一、「馬克思主義」政黨的締造者之一，是全世界無產階級和勞動人民的革命導師，也是無產階級的精神領袖，和國際共產主義運動的開創者，是一個影響了全世界的人物。他的代表著作有《資本論》、《共產黨宣言》、《德意志意識形態》等等。

1867 年出版的《資本論》初版封面。

德國知名社會學家馬克思，為共產主義的開創者。

◆團體化與走上建黨之路

從一九二〇年開始，「共同組建團體來改革中國社會的思想」成了中國一個傾向共產主義者普遍的共識，因此，各地的共產主義研究小組採取了很多行動，包括發起建立社會主義青年團、創辦工人刊物、開辦工人學校，並且領導工人成立公會、發動工人運動等。

一九二〇年初，陳獨秀、李大釗等人展開關於建黨的探索。四月，俄共一行來華以了解中國的情況，考察能否在上海建立共產國際東亞書記處；他們先在北京會見了李大釗，再經由李大釗介紹，南下至上海會見陳獨秀，共同商討關於建黨的問題，促進了中國共產黨的創立。

之後，建黨的腳步加快。從五月開始，陳獨秀陸續邀約了很多學者商談建黨事宜；八月，陳獨秀在上海成立了中國共產黨的發起組；九月，上海共產主義小組把《新青年》雜誌改為自身公開刊物；十月，李大釗在北京建立了共產主義小組；十一月，《共產黨》月刊誕生，在中國各個主要城市祕密發行。

在湖北、湖南、山東、廣東等地，甚至是在法國和日本的中國留學生，也都相繼建立了類似的組織，無論國內還是國外，這些早期組織在當時的名稱並不一致，有的叫做「共產黨」，有的叫做「共產黨小組」或「共產黨支部」，不過由於它們的性質相同，因此後來都被統稱為「各地共產主義小組」。

《新青年》出版社還翻譯了馬克思的《共產黨宣言》、列寧的《國家與革命》

等重要著作，發行很多宣傳馬克思主義的小冊子。在《新青年》的帶動下，各地共產主義小組也跟進，創辦了不少以工人為主要讀者的通俗刊物，譬如在上海發行的《勞動界》、在北京發行的《勞動音》和《工人月刊》、在廣州發行的《勞動者》、在濟南發行的《濟南勞動月刊》等等，藉此對工人階層進行階級意識的啟蒙教育。

這一系列積極的作為，都進一步促使馬克思主義理論和工人運動的結合。與此同時，馬克思主義理論在中國的廣泛傳播，自然也為中國共產黨的建立奠定了思想基礎。

最早提出「中國共產黨」這一個名稱的，是當時一位正在法國留學的年輕學子蔡和森（一八九五～一九三一年）。一九二〇年八月中和九月中，時年二十五歲的蔡和森，在寫給比自己只大兩歲的毛澤東（一八九三～一九七六年）的信中，詳細討論了他對於共產黨的觀點，主張「要明目張膽的正式成立一個中國共產黨」，並認為這個中國共產黨將會成為「革命運動的發動者、宣傳者、先鋒隊、作戰部」。

蔡和森還強調，這是他在對西歐各國共產黨、尤其是俄國共產黨，進行過深入研究之後所得出來的結論，那就是必須要先組黨，組一個中國共產黨。他同時也提出了具體的建黨步驟。

這兩個年輕人後來的命運截然不同。一九三一年，蔡和森在組織廣州地下工人運動時，遭到叛徒出賣而被補，隨後死在獄中，終年僅三十六歲。毛澤東則成了中華人民共和國的主要締造者，從一九四九年、時年五十六歲開始，一直至辭世為止，都擔任著中華人民共和國的最高領導人，掌權時間達二十七年，逝世時享年八十三歲，是現代世界歷史中最重要的人物之一。

中國共產黨領導人毛澤東。攝於 1939 年。

中國共產黨正式誕生

時間來到了一九二一年。

三月，在俄共遠東局和共產國際的建議和支持下，召開了各地共產主義小組的代表會議，會中發表了關於建黨宗旨和原則的宣言，並制定了臨時性的綱領，確立了黨的工作機構和工作計畫，包括黨組織對社會主義青年團、工會、行會、文化教育團體和軍隊的態度。這一次的會議，可以說是為成立中國共產黨做準備。

六月，共產國際派專人到上海，建議召開黨的全國代表大會，正式成立中國共產黨。

七月二十三日至三十一日，中國共產黨第一次全國代表大會在上海召開，來自北京、漢口、長沙、濟南、廣州和日本等地的代表全部到達上海。

二十三日這天，因為會議突然遭到搜查，被迫休會。七月底，毛澤東等代表一行人，從上海搭乘了火車，悄悄轉移到距離上海不遠的浙江嘉興，再從獅子匯渡口登上渡船來到湖心島，又再轉登事先預定好的遊船，然後就在遊船上通過了黨的第一個綱領和決議，正式宣告中國共產黨的誕生。

綱領中規定，黨的名稱是「中國共產黨」，性質是無產階級政黨，奮鬥目標是推翻資產階級、廢除資本所有制、建立無產階級專政，以實現社會主義和共產主義。至於基本任務，則是從事工人運動的各項活動，加強對工會和工人運動的研究與領導。

二十年後，一九四一年六月、在中國共產黨成立二十周年之際，中共中央正式訂定七月一日為中國共產黨的誕生紀念日。

2 俄國的革命與內戰

俄皇尼古拉二世在執政末期，俄國先後爆發了兩次非同小可的革命，分別是「二月革命」和「十月革命」，前者推翻了他的統治，後者則最終了結了他和全家人的性命。

這兩次革命都發生在一九一七年，當時一戰已經開打兩年多（後來在「十月革命」差不多一年後，一戰才終於宣告結束，因此俄國是在一戰結束之前，就已退出戰局）。

俄國的末代皇帝，尼古拉二世。攝於 1909 年。

俄國革命的結果，從表面上看似乎只是在俄國建立了共黨政權，實際上所產生的影響卻並不僅僅局限於俄國；就塑造二十世紀的歷史來說，它所產生的作用並不比一戰要小，而論其規模與所引起的反響，也不亞於一個多世紀以前的法國大革命。

參戰正式點燃革命之火

我們在第一章中講述過，俄國在剛剛進入二十世紀之後不久、一九〇五年時發生過革命，但那一次的革命成果未能維持多少時日，俄國在那之後也並無本質上的變化，建立的所謂的「國會」只不過具有諮議之權，完全不能約束、更不可能控制政府。

也就是說，俄國在一九一七年的革命爆發之前，其實在政治與社會各方面都已經存在著不少問題，但如果沒有參加一戰，或許革命會延遲爆發，甚至還有學者認為俄國亦有機會真正開始進行改革。然而就是由於參戰，使俄國遭到了莫大的衝擊，而直接導致了革命。

在一戰之前，俄國在電力與機械工業方面都剛剛起步，參戰之後，軍備工業雖然有所增加，但其他工業則明顯減少。俄國參戰唯一的優勢就是擁有大量的人力，俄國軍隊的人數在戰前是一百四十萬人，至一九一七年春天則已徵召至一千五百萬人。可是，由於徵召未經選擇，熟練的技工與農工也都紛紛被徵召，這麼一來，當戰爭沒能在短期之內結束，自然就對經濟造成了嚴重的傷害；其次，由於裝備不良、士兵平時的訓練不足，再加上在戰場上的領導指揮也很有問題，最終導致俄軍死傷慘重。

在參戰頭一年，俄軍死傷總數已近四百萬人，至一九一七年、革命爆發時，死傷、失蹤、被俘者更高達八百五十萬人左右，其中戰死沙場的士兵至少有一百八十五萬！真可說是十分慘烈。

十九世紀末以來，俄國已出現若干政黨組織，這些政黨，大致可分為自由主義派及社會主義派兩大類。前者的成員，主要是知識分子、工商界人士、土地縉紳等等，主張限制皇權、建立國會、發展經濟；後者則分為社會革命黨（成員由中產階層改革主義者所領導下的農民組成，主張土地改革，意思就是分配土地予農民）、社會民主黨（成員主力主要是依賴工人，主張廢除私有財產，由公眾來控制生產工具）。

在一戰爆發之後，俄國的政治活動即陷入半停

1920 年的俄羅斯畫作《布爾什維克》，描繪舉著紅旗的巨人，領導人民推翻舊制，建立共產政府。

頓狀態，其中布爾什維克黨的幾個重要領袖，更是都分散在遙遠之地，譬如列寧（一八七〇～一九二四年）在瑞士、托洛斯基（一八七九～一九四〇年）在美國、史達林（一八七八～一九五三年）則被流放西伯利亞。

在參戰即將滿一年、一九一五年八月，當俄國老是吃敗仗而丟了波蘭等地、傷亡人數已達三百五十萬時，俄皇尼古拉二世自兼最高統帥，自然難以規避軍事失利的責任，於是，國會中一些希望能夠遏制頹勢的力量（譬如憲政民主黨、極端民族主義派等），遂向俄皇要求組織全國信賴的政府、做某種程度的改革，但是並沒有被接受。

這樣過了一年多、到了一九一七年，革命終於爆發。

二月革命爆發

不過，「二月革命」其實是一個看似偶發性的事件。

這年三月八日（按俄曆是二月二十三日，所以被稱為「二月革命」），正值國際婦女節，一些紡織女工及家庭主婦在首都**彼得格勒**舉行罷工及示威，立即得到熱烈的響應，在當天傍晚以前，就已經有九萬名左右的工人加入。

彼得格勒——「彼得格勒」是一九一四至一九二四年期間的稱呼，在一九一四年以前這裡被稱做「聖彼得堡」，在一九二四至一九九一年則稱做「列寧格勒」，到了一九九一年則復稱「聖彼得堡」。此地歷史悠久，始建於十八世紀初（一七〇三年），始終是俄國的心臟。

與西歐相較，工業落後的俄國有一個特殊的現象，那就是工業高度集中，大約一半以上的工人都是集中在大型的工廠裡，這使工人擁有高度的組織和政治攻擊力量，一旦有革命爆發時，工人必定是居於重要的地位。這次「二月革命」也不例外。

到了翌日，罷工仍未停止，口號卻已悄然發生了變化，不再只是「我們要麵包」，還出現了「打倒專制」。而一向忠於俄皇的士兵，此次卻做壁上觀。

到了第三天，罷工的工人已達二十四萬人之多。第四天是星期日，有更多的工人紛紛趕至城區，事件益發擴大。

局勢演變到這個時候，首都衛戍部隊的態度自然具有決定性的影響。結果，軍隊選擇了支持革命，遂使得局面完全改觀。

事後檢討，「二月革命」之所以能夠迅速成功，除了有群眾熱烈響應之外，更重要的一

「二月革命」爆發，俄國士兵們也加入抗議行列，走上彼得格勒街頭。

點，就是因為得到了首都衛戍部隊的支持。

俄皇尼古拉二世當時正在前線，得知發生了革命，立即下令解散國會，但國會卻拒絕受命，並在三月十二日就迅速組成臨時政府。不久，尼古拉二世全家被捕，自一六〇三年建立的羅曼諾夫王朝，也在延續了超過三百年之後，宣布壽終正寢，尼古拉二世就這樣成了末代沙皇。

十月革命與列寧的崛起

這時的臨時政府很快就得到西方協約國的承認及歡迎，協約國期待這個新的政權，能夠比老朽的沙皇俄國更有效率的作戰。而在國內，臨時政府也受到企業家、專業人士、受過良好教育者的支持，同時，臨時政府也擁有包括總理克倫斯基（一八八一～一九七〇年）在內不少的人才。

然而，儘管臨時政府也做了好些改革，譬如實施普選制度、制定每日工作八小時工時的規定、承認波蘭獨立、猶太人不需要再生活在「隔離區」等等，但實際上，臨時政府根本無力控制整個俄國。再加上臨時政府表示將信守國際承諾，繼續參戰，也沒有實行土地改革，一切重大事件又均有待未來的制憲大會來裁決等等，都讓廣大厭戰並渴望獲得土地的群眾感到非常的失望。

四月中，列寧等十餘位布爾什維克黨的重要成員返回彼得格勒，情勢頓時變得更加複雜。

在「二月革命」與十一月（按俄曆是十月）爆發第二次革命之間、相隔九個月的時間，這段期間其實是兩股力量，或者說兩股「潛在政府」之間的競爭，一邊是上流社會人士與專業人士所組成的臨時政府，另一邊則是激進的律師、新聞記者，以及勞工和農民所信奉的「蘇維埃（Soviet，是『代表會』或『委員會』的俄文簡稱）」。

此時很多民眾都還對一九〇五年時，聖彼得堡蘇維埃的能力記憶猶新，那次的革命就是由武裝勞工的指導委員會所組成，領導了全面性的罷工。

列寧一回來，馬上就提出《四月提綱》，主張俄國應該越過中產階級革命這個階段，直接邁入社會主義，宣稱要以「和平、土地、麵包」，來取代臨時政府的民主、繼續參戰的決策，以及可能會有的土地改革。儘管此時布爾什維克黨依然是代表會裡的少數派，但列寧自信滿滿的大聲疾呼，呼籲大家把所有的權力都轉交給蘇維埃。

大約三個月後、七月十六日至十八日，大批彼得格勒的群眾因為糧食持續短缺，且為了抗議繼續參戰，憤而起義反對臨時政府，儘管這次仍然是人民自發性的示威行動，但為了讓布爾什維克黨不落人後，列寧也公開支持。

擁有充足兵力的臨時政府，對示威行動進行了無情的鎮壓，有兩百名群眾被殺，列寧則在混亂中假扮成火車頭的伙夫，逃到了芬蘭，這個事件被稱為「七月危機」。按此時看來，想要推翻臨時政府似乎還不太可能。

沒想到，僅僅只是過了四個月，臨時政府便被推翻了，幾乎和數月前「二月革命」推翻沙皇時一樣的容易，傷亡人數甚至還沒有「七月危機」來得多。

這便是「十月革命」。

十月二十日，當列寧從芬蘭祕密潛回俄國時，他認為自七月以來的局勢，已經有兩個重要的轉變——在俄國國內，他所屬的布爾什維克黨，已經成為彼得格勒和莫斯科蘇維埃裡的多數派；而在境外，德國基爾軍港海軍艦隊水兵的起義，讓列寧深信全世界的革命運動即將展開。因此，列寧拼命想要說服布爾什維克黨的領袖，聲稱「我們已經置身於世界無產階級革命的前夕」，並堅稱，如果錯失了這次良機，將是「對歐洲所有飽受戰火摧殘的窮人最大的背叛」。

「七月危機」時期，臨時政府對示威民眾進行鎮壓，造成死傷慘重。

可是，列寧的主張並沒有得到多少認同，黨內同志有鑒於「七月危機」的血腥鎮壓，都認為起義的時機還不夠成熟，而且都認為他們的機會在於即將召開的立憲大會，這樣他們可以在更廣泛的民主政體中，充分發揮深具戰鬥性的反對角色。總之，就是希望布爾什維克黨能在民主政體裡成長壯大，決定靜待時機成熟。

但列寧堅信「寄望於立憲大會」全是幻想，遂在布爾什維克黨中央委員會裡建立了多數派，爭取到包括托洛斯基的認同（托洛斯基是日後紅軍的主要締造者，被譽為「紅色拿破崙」），沒過多久，大家就都贊成要立即起義反抗臨時政府，而不再等到召開立憲大會。

這一次的起義性質與「二月革命」、「七月危機」都不一樣，不再是飢餓的人民自動自發走上街頭的示威行動，而是一次有組織、有計畫的行動，當然，成功與否的關鍵之一，還是要靠群眾是否熱烈支持。

十一月九日夜裡（俄曆是十月二十五日，因此史稱「十月革命」），布爾什維克黨展開武力行動，很快就得到彼得格勒衛戍隊大部分士兵的支持，這些士兵都正對臨時政府準備要把他們送上前線一事，感到忿忿不平哪。

就這樣，臨時政府幾乎是在沒有流血衝突的情況之下就瞬間垮臺，總理克倫斯基因為無法召集足夠的軍隊收復彼得格勒，只能狼狽逃出城外並且躲藏起來。翌年夏天，克倫斯基逃亡國外，在一九四〇年移居美國，以教書和著述為生，直到一九七〇年，以八十九歲高齡去世。

革命成功之後，列寧和他的支持者，還得將他們在彼得格勒的控制權延伸到全國各地，這是一項相當艱巨的任務，因為反對他們的勢力已經很快便開始集結，後來演變成一場歷時三年多的內戰。

內戰結果，俄共終於取得了勝利。

而在贏得內戰之後，俄共政權也重新統治了高加索山脈一帶。一九二二年十二月，「蘇維埃社會主義共和國聯邦」成立，這是一個統一的聯邦國家，組成國家包括俄羅斯、白俄羅斯、烏克蘭、外高加索，以及一九二五年以後加入的一些小民族共和國，譬如烏茲別克、土耳其斯坦、哈薩克斯坦等等，這些國家雖然在理論上都擁有實質的自治權，但實際上權力仍牢牢掌握在新首都莫斯科的中央政權手中。

站在武裝列車上演說的托洛斯基。攝於 1920 年俄國內戰期間。

3 蘇聯的早期發展

這一節我們要介紹蘇聯早期的發展，主要是集中在一九二〇至三〇年代，以經濟發展為講述的重點。

◆共產黨政權確定

一九一八年，當俄國內戰仍在持續期間，發生了幾件大事。

首先，是列寧在一月以「拒絕承認人民的權力」為由，驅散了制憲大會，宣稱要以「無產階級專政」取代一切的權力；其次，所謂「無產階級」，實際上就是指布爾什維克黨，該黨在三月更名為「共產黨」，並禁止其他黨派的存在。

此外，在同年三月還有另外兩件大事：一，遷都莫斯科；二，接受了德國相當苛刻的條件，包括承認德國的占領地，割讓東波蘭、烏克蘭、芬蘭與波羅的海各省，並且賠償巨額賠款，來換取和平，也就是退出一戰。

直到二十二年之後（一九四〇年），當時掌權的史達林才在希特勒（一八八九～一九四五年）的協助下，收復在一九一八年時所失去的大部分領土。

一九二〇年底，托洛斯基所領導的紅軍，擊敗了波蘭和克里米亞最後兩次反革命攻勢之後，內戰終於結束。在戰爭期間，有一百萬名左右的俄人逃出了俄國（後來大約有四十萬人定居在法國，另外在德國、波蘭、中國及巴爾幹各國的，大約各有十萬）。

俄共的政權就此穩定下來。

俄共所建立的政治與社會，自然是屬極權體制，不過，有一點我們不應忽略的是，其中其實也有來自傳統的因素，比方說：

遼闊的國土

俄國的國土非常遼闊，使得防守非常困難，自古以來就不斷要與外族

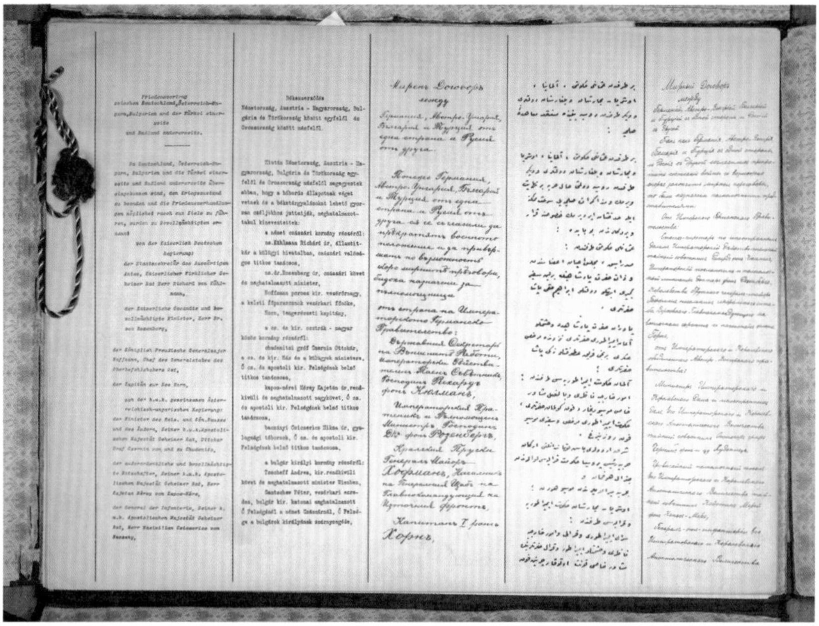

1918 年簽定的《布雷斯特－里托夫斯克條約》節錄。俄國以此條約向同盟國換取退出一戰，其中含五種不同的語言版本。

爭鬥，包括蒙古人、土耳其人、波蘭人、立陶宛人、瑞士人、日耳曼人等等，至十八世紀末，俄國西邊的陸疆與水疆才告穩定。而在這漫長的過程中，一個帶有黷武色彩的中央集權政府，往往比較能夠擔負起領導的重責大任。

歷史經驗

就俄國發展的歷史來看，俄人除了專政以及寡頭政體之外，體驗其他政體的機會很少，而所受到的外來影響，譬如拜占庭帝國和蒙古，也都是採專制政體。

農業經濟

俄國的農業經濟也是助長專制政治的一大因素。在進入十九世紀時，俄國大約有百分之九十五左右的人民為農奴；經過半個世紀，在廣大的農民中仍以農奴占絕大多數；再過半個世紀左右、至一九一七年爆發革命時，生計仍然是依靠土地的俄國人，比例高達百分之八十左右。

由於這些傳統因素，俄國的政治發展自然會與西歐各國有所不同。從另一個角度來看，專制政體既是俄國的傳統，而在沒有代議制度、無法批評政府的狀況下，反對者恐怕也只有走上革命一途了！

新經濟政策

在內戰結束的時候，俄國的經濟實際上已經破產，情況非常嚴峻；不僅是工業與農業產量的銳減、交通系統的解體，再加上一九二〇至一九二一年間發生了嚴重的旱災，造成了四至五百萬人餓死的「大饑荒」……在一九一四年以前，農業出口本是俄國賺取外匯的主要來源，但是在一九一四至一九二一年間，俄國已經從一個穀物的主要輸出國，變成一個無法餵飽自己老百姓的國家。

一九二一年，曾有布爾什維克黨員表示，俄國的經濟崩潰是「人類史上空前未有的經歷」。

1921 年「大饑荒」時期的海報，其中俄文標題寫著：「記住那些挨餓的人！」

這樣的描述似乎並不誇張。馬克思理論主要是針對資本主義的分析，但是對於推翻資本制度以後的社會藍圖究竟應該是什麼樣子，則語焉不詳。對於俄共來說，能夠挺過內戰、贏得勝利，固然已是一項非凡的成就，但緊接著擺在他們面前的，是一大堆非常棘手的難題，其中「應該如何提振經濟」當然是頭等大事，因為在民不聊生之餘，即使在向來一直是布爾什維克黨最熱情的支持者中，也開始出現了不滿的情緒，甚至出現了「打倒蘇維埃政府！」這樣的口號。

俄共在取得政權之後，便宣布土地、自然資源以及生產和分配工具通通國有化。一九二一年，在俄共第十屆大會上，列寧提出了「新經濟政策」的主張，這是指一九二一至一九二八年之間，俄共擬推行的經濟政策。這個政策其實並沒有一個完整清楚的體系，實為一連串的放鬆措施，被稱為「社會主義與資本主義的暫時妥協」。按馬克思理論，除「無產階級」專政之外，還需要由國家來統籌、控制生產與分配，可是，現在為了要趕快把經濟拉起來，只得遷就現實，暫時不去顧及那些教條式的共產主義實施程序。

那麼，到底有哪些暫時的妥協呢？比方說，除了重工業、銀行業、交通與對外貿易等「重點企業」之外，對其他小型與私人的企業活動放寬控制；准許商業的恢復；讓農民擁有某種限度的自由市場，准許短期出租土地和僱工生產、多餘的糧食可以出售等等。

這些措施對於刺激經濟的復甦發揮了一定的效果，農業恢復得最快，在執行「新經濟政策」的第二年，農產數量就已幾乎達到一戰前的四分之三。工業雖復原較慢，但到了一九二七年時，也回到了一戰前的水準。

可是，「新經濟政策」造成了布爾什維克黨內的裂痕，有些老黨員覺得這樣違背了原則，也有些黨員則是持相反的意見，認為應該還要再放開一點，慢慢的，就出現了兩個名詞，「左傾主義分子」和「右傾主義分子」。前者主張廢止「新經濟政策」，並且贊成要促進世界革命，代表人物包括為黨贏得內戰的重要人物托洛斯基等；後者則認為應該要繼續推進、貫徹「新經濟政策」，以布哈林（一八八八～一九三八年）為代表人物。

關於「新經濟政策」的爭論，是造成黨內權力衝突的重要原因之一。

史達林的計畫經濟

這樣的衝突從一九二一年、「新經濟政策」一開始實施就沒有停止過，一直到一九二七年底、眼看「新經濟政策」即將到期的時候，史達林在長期的權力鬥爭中勝出，蘇聯終於走上了政府「計畫經濟」的道路。

其實，史達林的政策「非左非右」，而是兩者的混合。他認為如果蘇聯不能迅速走向工業化，那麼社會主義的立場，無論是在國內或是在海外，都會很危險，因此，他主張應該迅速推進工業生產、強迫農民接受合作，並且暫緩推動世界革命。

計畫經濟的展開是連續三個「五年計畫」，分別是一九二八至一九三二年、一九三三至一九三七年、一九三八至一九四二年。

紀念新經濟政策發行的貨幣。
蘇聯於 1979 年發行。

史達林和俄共之所以決定要採取計畫經濟，分析起來有多重因素，一方面這是源於社會主義的學說，另一方面，也是為了想要藉此應付一些俄國社會長期存在的問題（譬如俄國較西歐諸國更大的貧富差距），同時也有一部分是有鑒於一戰時的經驗（在戰爭期間，各交戰國為了爭取勝利，都採取過中央控制和計畫經濟的做法）。

在「國家經濟計畫委員會」的監督之下，所謂「新社會主義攻勢」就此展開。

第一個「五年計畫」，是以加強重工業為首要目的，而且是打算在不借外債的情況下達成目標。這是一個極為艱巨的任務，要知道此時蘇聯仍是一個農業國家，世界上鮮少不需要借外債就可以從農業國變成工業國的例子，就連工業革命的發祥地英國，在十八世紀時，也曾經從荷蘭吸收過相當多的投資。如果誓言不靠外力，一個農業國就僅能從農業來籌措資本推動工業化。

於是，蘇聯政府便推行農業集體化，把土地合一耕作，分別成立集體農場和國營農場，前者為農民共有土地與農具，並

1933 年發行於烏茲別克的蘇聯宣傳海報，標語寫著：「在集體農場強化工作紀律」。

平均分配利潤；後者則是所有的一切，包括土地、設備和家畜等等，都是屬於政府的財產，農民只是受薪勞工。

可想而知，必定有不少農民不適應、也不願意接受這樣的安排。此時政府便採取宣導與強制、雙管齊下的做法，不合作的農民會受到嚴厲的懲罰，其中以富農所遭受的打擊最大，甚至有的還被清算殆盡。

為了加強工業建設，政府每年把全國總收入的三分之一拿來再投資，這個比例相當之大，是一九一四年英國的兩倍，而且即使是在國內自己遇到了饑荒的情況下，也仍然要輸出糧食來換取外匯。這麼一來，人民的生活當然是相當辛苦，一天到晚勤奮工作但報酬很低，必須不斷憧憬著未來，才能夠咬著牙支撐下去。

後來事實證明，蘇聯的工業進展相當驚人，在「新社會主義攻勢」展開十一年後（一九三九年），蘇聯已經成為全球第三個最大的工業國，僅次於美國與德國，超過了英國與法國。

工業化也改造了蘇聯的社會，在一九二六年（「新

蘇聯政府推動工業化的宣傳圖畫，標語寫著：「工廠的煙霧是蘇聯的呼吸」。

社會主義攻勢」展開的兩年前），蘇聯城市居民只占全國人口的百分之十八，但是到了一九四〇年，就已達百分之四十。

史達林的時代來臨

現在我們不妨回過頭來，再了解一些關於蘇聯早期政治方面的重要變化。

俄共在內戰期間以武力解散制憲大會之後，便以各地蘇維埃為新的國家結構的基礎。憲法規定，只有勞動者才有投票權，實行的是間接選舉制，最高權力機構為「全俄蘇維埃大會」（包括一千五百名以上的代表，每兩年集會一次，每次會議期間約一週）。

一九二四年一月，列寧以五十四歲盛年而死。他在世時，還頗能統籌全局，使黨內黨外維持表面的統一。列寧是二十世紀全球最有影響力，同時評價也最具爭議的人物之一，他死後在俄國備受尊崇，成為與馬克思相提並論的人物，「彼得格勒」更名為「列寧格勒」就是為了要紀念他。

列寧的死，引發了極為嚴重的權力鬥爭，這也成為共產極權政治的特色之一。

事實上，權力鬥爭在列寧還在世的最後兩年便已開始（列寧在過世的兩年前第一次中風，而在一九二三年第三次中風後始臥床不起）。經過一連串的政治鬥爭，至一九三〇年、列寧死後六年左右，史達林已取得不容挑戰的地位。

史達林從一九二二年、時年四十四歲的時候開始擔任黨書記，他或許是唯一真正出身下層階級的資深布爾什維克黨員（他的父親是鞋匠，祖父是農奴）。他在年輕時曾經就讀過神學院，退學以後在二十二歲左右加入布爾什維克運動，負責搶銀行的祕密活動，來為黨籌措資金。「史達林」其實是他採用的匿名，意思是「鐵人」。

早期的牢獄生活以及在西伯利亞所度過的流亡歲月，讓他鍛煉出鋼鐵般的意志，因此，儘管他的文化背景不是很好，還是克服了列寧在遺囑中對他「粗野」的批評而形成的障礙，在一九二三年底就已控制了共產黨。之後又陸續排除異己，以卓越蘇聯領袖的身分出現在公眾視野。蘇聯至此也成為一些老布爾什維克黨員所形容的那樣，成為一個「黨書記的獨裁政府」。

無論如何，到了一九二〇年代後期，蘇聯漸趨穩定，儘管世界性的革命並未發生，但蘇聯也已經適應了這個非革命性的世界。由於史達林倡導的是「一國社會主義」，一九三〇年代以後，蘇聯政府也開始致力於蘇維埃愛國情操的培養。

第三章　經濟大恐慌

發生在二十世紀上半葉的經濟大恐慌，是世界史上的重大事件，影響所及，絕對不僅僅局限在經濟層面，而是擴及到各國的政治和社會，二戰的爆發跟它也很有關係。

這場經濟蕭條，從美國開始，進而波及到整個歐洲。

在講述美國的經濟大恐慌之前，我們需要先對一戰後的歐洲情勢有所了解。

1 一九二〇年代的歐洲情勢

當為時四年的一戰終於落下帷幕，各國一旦都完成了軍隊復員，並且安定了國內秩序之後，很自然的就開始解散各種在戰時，為了因應戰爭而設立的局部機關。

所謂「復員」，狹義的解釋，是指軍人因服役期滿，或戰爭結束等原因而自然退役；廣義的解釋，則是指一個國家解除武裝，政治、經濟、文化等所有政府部門，都回復到原本和平的狀態。

至一九二二年、也就是一戰結束三年多，除了蘇聯，歐洲其他地區的戰時機關幾乎都已經完全解散，不過，要再過一段時日、直到一九二〇年代中葉，歐洲人才普遍真正放鬆下來，感受到「和平的陽光普照大地」。

此時，一些在戰後未能立刻解決的緊張局勢，都已明顯緩和，人們都已紛紛重新投入工作，包括重建那些飽受戰火蹂躪的城市，努力從各方面來慢慢消除戰爭所留下的種種痕跡。而因戰爭期間種種社會禁令的廢除，再加上戰時得不到的享樂也在瞬間得以滿足，社會上不免出現了一股放縱的氛圍，這實際上是一種社會約束終於被鬆綁的愉悅……

這些都為西歐帶來一種繁榮興盛的景象，各國的生產量也普遍都恢復到戰前的水準，隨之而來的就是一九二〇年代晚期，一段平靜且繁榮的時光。

◆共和、普選與議會制度成為潮流

在政治上，一九二〇年代的歐洲，加速了十九世紀晚期以來，邁向共和政體、普選與民主議會制度的步調。

●共和政體

在戰前，只有法國這一個強國是屬於共和政體，但現在，大多數歐洲國家都改走共和，只有英國和義大利依然是維持君主政體。

這樣的變化，自然主要是一戰以及革命所帶來的，畢竟一戰和革命掃蕩了四個重要的王朝，包括鄂圖曼王朝（或稱「奧斯曼王朝」，指土耳其帝國）、羅曼諾夫王朝（沙俄帝國，也就是俄羅斯帝國）、哈布斯堡王朝（奧匈帝國）以及霍亨索倫王朝（德意志帝國），還有一些比較小的王國，譬如巴伐利亞與希臘。

戰後，大部分實施君主政體的都是一些小國，像是斯堪地那維亞半島上的國家，譬如挪威和瑞典（一直到現在，這兩個國家也仍然是採取君主立憲制），此外，新興的東歐國家南斯拉夫，也是採取君主立憲制。

各國新的憲法往往都是以西方戰勝國為模範，他們通常會結合法國的議會制度，再遵循美國的模式由人民來選舉總統。

在這方面，最重要的國家是德國。德國在一九一九年八月（一戰結束後還不到一年）所制定的《威瑪憲法》，應該是一部體現了當時最佳法律學識與議會制度經驗的憲法，是德國歷史上第一部實現了民主制度的憲法。現今德國的基本法裡，仍然保留著部分《威瑪憲法》的條文。

「威瑪」是一個地名，是一座位於德國圖林根邦的小城。

一九一九年一月中，德國舉行了國民議會大選，不到一個月，緊接著舉行德國國民議會，但由於當時首都柏林時局動蕩，國民議會便決定改在威瑪舉行。這實際上也是一項頗具象徵意義的決定，因為柏林是已經垮臺的霍亨索

1919 年通過的《威瑪憲法》封面。

倫王朝的重要城市，但威瑪擁有眾多文化古蹟，曾經是德國的文化中心，**歌德**（一七四九～一八三二年）和**席勒**（一七五九～一八〇五年）都在此創作出許多不朽的文學作品；歌德人生最後的時光就是在威瑪度過的。

國民議會的主要任務就是起草憲法，進而建立一個議會民主制、聯邦制的共和國。

但打從一開始，威瑪共和國就得面對許多困難。威瑪共和國是在一戰末期、德國即將戰敗的時候成立的，推翻了德皇威廉二世的政權，迫使威廉二世逃往荷蘭（他在二十三年後、一九四一年死於荷蘭，享年八十二歲）。後來威瑪共和國向協約國投降，翌年夏天又在協約國「重啟戰事」的威脅下，被迫接受《凡爾賽條約》，對很多德國人（尤其是民族主義者）來說，威瑪政權與「戰敗的恥辱」幾乎就是同義詞。

讓事態更加惡化的是，為了執行《凡爾賽條約》，威瑪政權還得更廣泛的開徵累進所得稅，這使得很多人民（特別是那些民族主義者）更加憤慨。

威瑪共和國就在這樣異常混亂、愈來愈對立的情況下，艱難的走入一九二三年，然後在一九二〇年代晚期，總算邁入相對穩定的歲月。只不過威瑪共和國的議會制政府，始終不曾像英、法那樣受到人民廣泛的接受與擁戴，而轄下各級機

歌德——歌德是德國著名的思想家、作家和科學家，在文學領域中，《少年維特的煩惱》及《浮士德》都是他的代表作。

席勒——席勒是德國在十八世紀著名的詩人、哲學家、歷史學家和劇作家，也是德國啟蒙文學的代表人物之一。

關，也未能如最初所預期的那般順利運作；與此同時，軍事和經濟組織的勢力之龐大，亦不是議會所能控制，自由主義的價值觀也缺乏深厚的基礎……這些都是造成威瑪共和國體質不佳的重要原因。

女性投票權

在一戰之前，歐洲只有芬蘭（一九〇六年）和挪威（一九一三年）准許女性擁有投票權。一九一八年二月、在戰爭晚期，英國給予三十歲以上女性選舉權，十年後又賦予年輕女性選舉權。

不僅僅是英國，在一戰過後取得投票權的歐洲婦女，比歷史上其他任何一個時期都要來得更多，譬如威瑪德國、波蘭、奧地利、捷克斯洛伐克、斯堪地那維亞半島各國、西班牙等，女性

兩位推動英國婦女投票權的運動領袖，安妮·肯尼（左）與克麗絲特貝·潘克何斯特（右）。

都擁有了投票權，但瑞士、法國、義大利、葡萄牙的女性，仍然還沒有選舉權。

不過，在兩次世界大戰之間，只有英國和蘇聯曾有女性擔任重要的政治角色。

民主議會制

在一九二〇年代中葉，西歐三個主要的議會民主政體——英國、法國與德國，都由中間派政黨聯盟上臺執政。在一九二〇年代晚期，這些政權表面上都給人一種政治穩定，且能意見一致的印象，議會制度儼然已成為戰後歐洲的主流，被稱為「新自由主義政治」。

然而，在民族衝突問題比較嚴重的東歐和南歐地區，以及大多數人民是未受教育農民的國家（譬如蘇聯），議會制度就仍然還是無法移植過去。

新自由主義經濟

在經濟方面，一戰過後的歐洲，呈現的是「新自由主義經濟」。

所謂「新自由主義經濟」，並不是指純粹自由放任的經濟制度，而是一方面希望恢復與戰前類似的世界金融、貿易和銀行體系，另一方面，則希望盡可能恢復企業家在戰前曾經享有的獨立自主的經濟。

反應這些意圖最明顯的一個徵兆，就是重建國際金本位制。

什麼叫做「金本位制」？簡單來講，就是以黃金為本位幣的一種貨幣制度，而所謂「本位幣」，是指一個國家法律規定做為價格標準的主要貨幣。

最早提出、且最早實行「金本位制」的國家是英國，是在一七一七年，由著名物理學家牛頓（一六四三～一七二七年）所提出來的。

還記得嗎？我們在卷七《近世史I》講述到十七、十八世紀的思想革命及學術成就時，曾經提到過牛頓，他是一個少有的百科全書式的天才，除了物理學，在光學、數學、經濟學等領域也都有傑出的成就。牛頓在經濟學上的貢獻，就是提出「金本位制」，當時他擔任英國鑄幣局局長，將每盎司黃金的價格固定在「三英鎊十七先令十．五便士」。

「金本位制」有很多特點，比方說，如果用黃金來規定貨幣所代表的價值，每一種貨幣單位就都有法定的含金量，各國貨幣按其所含黃金重量也就會有一定的比價；如

流通於 1882 年至 1933 年的美國「金券」，可做為現金使用，也可直接兌換黃金。

果各國的貨幣儲備都是黃金，國際的結算也是使用黃金，黃金就可以自由輸出與輸入；由於黃金可以在各國之間自由轉移，這就保證了外匯行市的相對穩定，與國際金融市場的統一等等（難怪在當時逃難時要帶黃金啊）。

牛頓在十八世紀上半葉提出「金本位制」之後，以此為基礎的國際貨幣體系，大約在十九世紀下半葉、一八八〇年形成，然後一直延續至一戰爆發之前，實行了三十幾年，是由包括英國、美國、德國、荷蘭，還有一些北歐國家，以及法國、義大利、比利時、瑞士等拉丁貨幣聯盟的國家，在經濟聯繫愈來愈密切之後，自然而然形成的。

一戰過後，英國首先在戰後七年左右、一九二五年重建了「金本位制」，隨後除了蘇聯以外，大部分的歐洲國家都相繼重建了「金本位制」。不過，戰爭其實已為國際經濟帶來一些永久性的變化，譬如在戰前就已出現的企業「**卡特爾**」，在戰爭期間受到政府的大力鞏固而更加壯大，戰後對市場有很大的影響，再加上賠款與戰時借款的負擔，又對國際貿易與匯兌產生了干擾。比方說，德國欠英國和法國的錢，法國向英國和美國借債，美國一方面是英國的債主，另一方面又在一九二四年以後貸款給德國……

卡特爾——「卡特爾」是一個經濟學上的術語，是指一種由一系列生產類似產品的獨立企業所形成的組織，目的是為了要便於提高該產品的價格，並且控制其產量，總之就是為了要方便操控市場。

這麼一來，即使戰後「金本位制」在歐洲相繼重建，效果也不如預期。就算是在一九二〇年代晚期、歐洲經濟最繁榮的時候，也不過就是回復到與戰前差不多的水準而已。同時，「新自由主義經濟」其實非常脆弱，如果身為多國債主的美國，經濟出現任何問題，那整個國際經濟系統的結構就會搖搖欲墜。

2 美國經濟大恐慌與羅斯福新政

美國在十九世紀後期以來，經濟發展非常迅速，與世界各重要工業國家相比，美國從一八七〇年以後，一直到一戰爆發之前，都有著很高的經濟年成長率。

美國在農業機械化方面遠遠超過歐洲各國，而煤產量為全球百分之四十二，鋼產量為百分之四十一，但由於美國有廣大、且日益擴大的國內市場，所以在國際貿易上所扮演的角色遠不如歐洲，德國、英國和法國，這三個國家的機器製造品，就占了世界輸出總量的百分之六十。

與歐洲其他協約國相較，美國在一戰中的損失並不大，不僅本土未受影響，戰爭甚至還刺激了美國的工業，戰後美國從原本的債務國（欠人家錢），一躍而為債權國（別人欠他們錢）。

◆——繁榮的十年

戰後一年，美國的工商業仍持續繁榮，從一九一九至一九二九年、這十年之間，大體上是「繁榮的十年」。

有多繁榮呢？這表現在很多方面，比方說：

●汽車工業的驚人發展

二十世紀之初，汽車工業就已經在美國打下了基礎，在一九〇八年、亨利・福特（一八六三〜一九四七年）發展出裝配線技術以後，真的是突飛猛進。

所謂「裝配線技術」，就是一般俗稱的「流水線」，意思是指每一個生產單位（譬如每一個工人）只專注處理某一個片段的工作就好，不必去管其他的事情，譬如有人只負責安裝零件A，有人只負責安裝零件B，有人只負責安裝零件C……大家都不必把一個東西從頭做到尾，只要負責一個部分（也許就只負責做一個動作），可是在經過一堆工人之手以後，就會出現一個成品。這樣的生產方式，大大提高了工作效率和產量，還能有效降低了產品的售價。

亨利・福特是世界上第一位使用流水線大量生產汽車的人，不僅對於工業生產方式來說是一場革命，對現代社會和文化，也都引起了巨大的影響。

他使汽車成為一種大眾產品，美國之所以會被稱為「輪子上的國家」，與福特公司的「T型車」、亦即廉價汽車的普及，有著直接的關係。在一九一九年前後兩年、一戰結束沒多久，福特公司這種售價低廉的「T型車」就已年產七十萬輛，走進許多老百姓的家庭。

製造汽車的流水線。專業分工使生產效率大大提升，同時也降低了成本。攝於 1913 年。

大約在一九二七年以前，福特公司在美國汽車市場擁有絕對優勢，後來才漸漸與通用汽車公司、克萊斯勒汽車公司鼎足而三。在一九二九年左右，美國的汽車年產量已高達兩千六百五十萬輛之多。

● 石油工業的迅速發展

在一九二〇年代末期，石油工業中，殼牌公司等二十家左右大公司的資產，高達六十億美元之鉅。

● 鋼鐵工業的迅速發展

在「繁榮的十年」裡，美國的鋼產量增長了百分之六十。

● 電力的發達

一九二〇年代，美國的電力設施發展突飛猛進，電網的規模與新電廠的建設皆迅速擴大。

● 電影業的興起

電影的製作方法在十九世紀末、一八八九年，由著名發明家、企業家愛迪生（一八四七～一九三一年）發展成功，不過要等十四年後（一九〇三年），時年三十三歲的波特（一八七〇～一九四一年）拍出了《火車大劫案》之後，電影才開始漸趨流行。

波達是愛迪生電影公司裡的一名攝影師和製作人，他

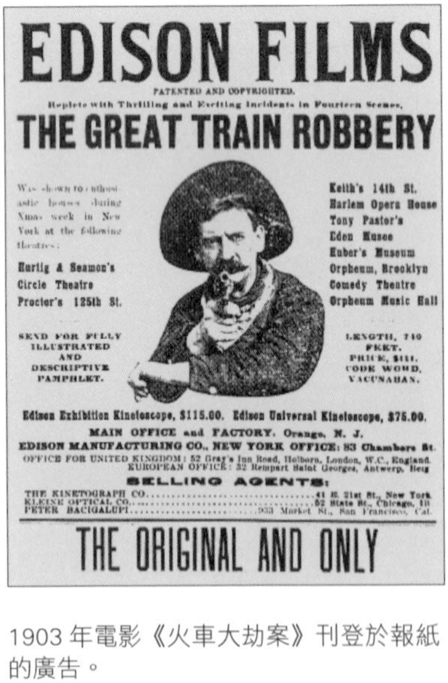

1903 年電影《火車大劫案》刊登於報紙的廣告。

藉《火車大劫案》這部影片，為美國敘事性電影開闢了一條康莊大道。

文化業的興盛

譬如棒球、足球、拳擊、籃球、高爾夫球、網球等等，許多運動都各自擁有為數頗多的愛好者，在一九二〇年代，只要是大規模的比賽都會吸引成千上萬的觀眾；新聞報刊的發行、雜誌和圖書的出版非常活絡；公共圖書館發展迅速，各地都有一半的人口會利用公共圖書館；廣播節目、音樂會也都很流行；愛迪生所發明的留聲機在一八八〇年代問世，至一九二〇年代，已經出現在許多家庭的客廳裡……

愛迪生與他發明的留聲機。攝於 1877 年。

大體而言，一九二〇年代的繁榮，使美國人充滿了信心與驕傲，這就是如作家費茲傑羅（一八九六～一九四〇年）在他的小說《大亨小傳》（另一譯名採直譯，《了不起的蓋茲比》）中所描寫的——一個充滿了爵士樂、短裙、各種生活的舒適與便利，一個紙醉金迷、追求享樂的時代。

崩潰的經濟：大恐慌

然而，這樣的繁榮，主要是屬於大企業的繁榮，並不是社會上每一個階層的老百姓都受惠。與此同時，由於美國在戰後回到了孤立主義，頻頻提高關稅以抵制外國貨物的輸入，引起其他國家也都紛紛對美國採取了報復性的措施，更是加重了不少美國民眾的負擔。比方說，首當其衝的就是農民，面臨著雙重不利的局面。

美國的農業與工業不同，本來就無法完全只依賴國內市場生存，現在農民一方面要花較多的代價來購買工業製品，另一方面又受累於別的國家抵制美國的保護政策，而難以銷售農產品。

事後回顧就會發現，在一九二〇年代中葉，當美國的農產品因供過於求而導致價格不斷下跌時，經濟大恐慌其實就已經開始了。

紡織工人與煤礦工人，也遭遇到與農民極其類似的困難（不過這個現象並不僅僅只是發生在美國）。

另一方面，在「繁榮的十年」中，美國投機成風，幾乎人人都在玩股票，都非常熱衷於在紙票上累積財富。尤其是一九二六至一九二九年、這三年，隨著股票不斷的上漲，很多人都賺了大錢，笑得樂不可支。

政府的稅率低、投機風氣盛，這麼一來就造成了信用膨脹、生產過剩和物價低廉的結果。

經歷黑色星期五股市崩盤後，大量民眾聚集到了華爾街上，許多人頓失所有，不知何去何從。

一九二九年十月二十三日星期五，紐約華爾街股票市場上，忽然發生人人爭相將所持股票脫手的情形，造成股市一瀉千里、股票市值大跌，情況之嚴重，隔天報紙紛紛都不約而同，用上了「黑色星期五」以及「暴跌」等字樣。

股市崩盤之後，大批投資者的財富都在瞬間化為烏有，很多人受不了這樣的打擊，也無法面對這樣的事實，就選擇跳樓，一跳了之。當時這樣的事情還真不少，以至於有人說：「想跳樓嗎？你必須排隊，才能找到一扇窗子跳下去。」

隨著股市崩潰，立刻就引發一連串可怕的連鎖反應，銀行倒閉、工廠關門、失業數字不斷攀高……在一九三二年左右，美國的失業人口已占全國總勞動力的三分之一，情況非常嚴重。

這就是所謂的「經濟大恐慌」，持續了數年之久。

羅斯福推行新政

「黑色星期五」發生的時候，當時的美國總統是胡佛（一八七四～一九六四年），他是在那年三月初才宣誓就職的。胡佛在執政初期，還頗洋洋得意，大談美國的經濟制度是如何的完美，認為比任何國家的任何時期都要更有可能戰勝貧困。殊不知實際上美國的經濟已經危機四伏，馬上就要大難臨頭了。

在「黑色星期五」之後，儘管經濟恐慌十分嚴重，胡佛以及所屬的共和黨卻不願干預，遲至兩年半以後、一九三二年二月，才總算成立了復興財務公司，籌募五億資金並有權借貸更多的款項，目的是借款給銀行、人壽保險公司、建築、鐵路和信用合作社等等。此舉產生了一定的效果，但也就到此為止，胡佛總統拒絕再採取進一步的行動，包括限定物價、創造就業機會、政府介入工商業活動以救濟飢餓等等，對他來說，這些都是社會主義的作為，他堅信在政府不干預的情況之下，經濟就會自行慢慢好轉。

可是，事與願違，胡佛總統的期待並未發生，失業數字還在不斷創新高，經濟危機日益加深，使得美國人對於這種自由放任的經濟政策，普遍都大感不滿。到了一九三三年左右，經過三年的苦苦煎熬，全美都瀰漫著一股極其消極的負面氣氛。大量民眾想要工作、想要承擔起養家糊口的責任，卻始終找不到工作。

一九三二年的大選，五十八歲的胡佛總統尋求連任，民主黨則推出時年五十的富蘭克林．羅斯福（一八八二～一九四五年）與之競爭。羅斯福以「新政」做為號召，表示要幫助那些「被遺忘在經濟金字塔底層的人」。

大選結果，羅斯福獲得壓倒性勝利。

翌年，在羅斯福就職時，美國的經濟危機已達絕望的程度，羅斯福總統在就職演說中說：「唯一可怕的事便是恐懼本身。」他認為國家應該要採取行動，而且要求「現在就行動」！

羅斯福總統的行動，便是實施新政。所謂「新政」，是泛指美國政府在一九三三至一九三九年之間，所採取的一系列社會與經濟改革。大約以一九三五年做一個分隔，之前的重點放在救濟以及復興經濟，包括通過緊急銀行救濟條例等等；之後的重點則是放在社會安全，包括建立失業、傷殘保險、老年撫恤金的制度，防止財富與經濟力量的過分集中（譬如，加重每年收入超過五萬美元以上者的累進附加所得稅），提供四十年低息貸款讓佃農得以購買農莊，供應六十年低息貸款給地方政府，協助消除貧民窟，以及建立每週工作四十小時制，並規定

羅斯福總統於 1935 年簽署《社會保障法案》，使社會保障成為美國社會福利制度的一部分。

最低工資等等。

簡單來講，新政的目的之一，是要將銀行業、公用事業、交通運輸、大公司、投資公司等大企業，置於聯邦政府比較嚴密的管制之下。另一重要的目的，當然就是要保障工人、農人、小店主與一般人的利益。

據保守估計，新政救濟和復員了至少一千萬名失業者，新政就此改變了美國社會，從原來的「金字塔」社會結構（少數非常富有，基層窮困），變為「鑽石式」的社會結構（中間最寬，兩頭、非常有錢和非常貧窮的比較少）。

當然，新政也不免一直受到攻擊，比方說，一些保守人士就批評這些做法形同革命。不過，一般都認為這種說法過於誇張，因為新政的立法可以說都是經國會通過，就算其中有一些曾經被最高法院判決為違憲，但絕大部分都還是被最高法院所認可。事實上，自一戰以來，要求政府來策畫與監督經濟，似乎已成為一種主流意見。

同時，美國的民主黨與共和黨雖然會互相競爭、互相攻擊，但兩黨都無意要改變美國的基本政治體制，這是和法國的左派、右派之爭，完全不同的地方。

3 歐洲經濟大恐慌及影響

十八世紀初，西方國家的金融已經相當穩定。工業革命之後、十九世紀時，由於各國都相繼採取了金本位制（或稱「國際金本位制」），於是建立起一套方便穩妥的國際金融制度。與此同時，由於資本主義制度下的自由競爭與自由市場大行其道，使得在十九世紀中葉以後，原本就已經非常相互依賴的國際貿易，真正具有了世界性。倫敦成為世界金融中心，因為英國的對外貿易量，向來就比其他國家要來得大，資本也較其他國家要來得雄厚。

◆一戰後的經濟破壞與戰債問題

一戰對於國際經濟與金融產生了極大的破壞，再加上各交戰國的戰爭費用，絕大部分都是採用借貸（無論是向國內或國外借貸）的方式來籌措，因此戰後發生了嚴重的物價上漲與通貨膨脹的問題，至少要經過三至五年，各國才慢慢恢復了比較穩定的幣值。

一戰對於各國經濟所產生的嚴重破壞，也是不在話下。到了一九二〇年、戰後一年多，德國農業和工業的生產都還不及戰前的三分之二，義大利則約為戰前的四分之三……英國倒是恢復得挺快，大約已是戰前的百分之九十。

經濟失調更反應在歐洲的對外貿易上，譬如德國的對外貿易總滙，僅僅是戰前的四分之一，瑞典為戰前的二分之一，法國是四分之一，英國是二分之一。但是這些國家的進口卻不減反增，原本歐洲各國都以為對外輸出的下降，只是受到戰爭影響的暫時性現象，沒想到完全不是這麼回事，原來這是因為美國、加拿大、日本等歐洲以外的國家，在一戰期間為了因應戰爭需要，都大大提高了生產力，從而也發展出新的設備與生產方法，吃掉了原來屬於歐洲國家的部分市場所致。

另外還有一個導致國際經濟不易恢復正常的因素，就是有關賠款與戰債的問題。在一戰結束後，美國成為最大的債權國，大家都欠美國的錢，如果加上戰爭剛剛結束後的貸款，美國借出的總額超過一百億美元，英國借給其他協約國的錢也不少。有鑒於戰債問題必然會有害國際經濟，英國曾向美國建議乾脆完全取消戰債，但是遭到美國的斷然拒絕，而且美國國會還在戰後三年半、一九二二年二月，組成了「世界大戰外債委員會」，專門來處理戰債問題。

戰債問題的兩個主要國家，是德國與美國。因為英國、法國、義大利等國家都欠美國戰債，而這些國家又是德國賠款最大的幾個受益國，於是乎，美國向英國、法國、義大利等國催債，這些國家就拼命向德國催討賠款，德國既無力償還，只好再向美國及其他國家借貸，這就形成了一種惡性循環。

更糟糕的是，身為大家共同最大債主的美國，在戰後又回到了孤立主義，仗著其國內資源豐富、農業及工業生產力都很強，不需要外國貨物的進口，所以幾乎每一種外國輸入品都被視為不受歡迎的競爭者，因而執行高關稅政策，然後大量貸款至海外。

諸如此類關於戰後國際經濟的失調現象，原本至一九二四年以後，總算是漸趨好轉，在一九二〇年代中期以後，歐洲可以說又進入了繁榮的時代，比方說，在一九二六年左右，歐洲各主要國家都已經恢復了戰前的生產水準；至一九二九年，不少國家甚至還超過戰前生產力的百分之十，大家對於未來普遍又都有了樂觀的展望。

不料，就在一九二九年十月下旬，美國發生了「黑色星期五」。

蔓延到歐洲的大恐慌

其實在當年十月初，紐約股票市場的情況就不太好，在「黑色星期五」之後，股市更是連續慘跌，手上持有股票者紛紛搶著拋售，工業指數不斷下降，僅僅是在一個月之內，股票的價值就已下降了百分之四十左右。

接下去三年之內，美國有五千家銀行關閉，而危機很快便由財政影響到工業，再由美國而影響到世界其他地區。由於美國一方面停止向外輸出資本，積極想要討回對外的貸款，不再向歐洲投資，另一方面也紛紛賣掉他們手上的外國債券，這就使得一九二〇年代歐洲經濟繁榮的基礎大為動搖。

接下來，在美國人不再購買外國貨物之後，世界各國輸美市場自然就日益縮小，歐洲經濟遂不可避免受到了非常嚴重的影響。最先撐不住的是奧地利維也納的信託銀行，該銀行控有奧國三分之二以上的資產與負債，卻在一九三一年五月無力支撐，儘管有來自奧國政府的支持，以及英格蘭銀行的貸款相助，仍然宣布倒閉。

此後，銀行倒閉、工廠關門、貿易災難之風，便無法遏制的吹向歐洲，德國所受的壓力大增，許多外國的投資者基於各種因素，都紛紛想要收回在德國的投資，之前建立起來的「德國跟美國借款來償付賠款，法國跟比利時在拿到德國的賠款以後，再拿來償付跟英國借的錢，然後英國再拿這些錢還給美國」的鎖鏈，在美國撤回絕大部分借出去的貸款之後，便一下子都斷了。

由於事態嚴重，美國的胡佛總統不得不在一九三一年六月下旬，頒布一個延期付款令，准許各個欠美國錢的國家，都可以暫停付款一年。

歐洲各國政府也都紛紛採取了應急措施，來設法應對這個極端惡劣的經濟形勢。比方說，以比較激烈的措施來控制金融與匯率，提高關稅來限制外國貨物進口——也就是用個別的方式來保障自身的經濟；或是組成區域性的集團，譬如北歐國家的奧斯陸集團、東歐國家的農業集團等等。還有就是希望能夠達成某種廣泛的集體行動，譬如一九三二年七月的《洛桑協定》，這是有關結束賠款的「洛桑會議」會後簽下的協定，規定德國最後賠款為三十億馬克，停付三年後必須於三十七年之內分數次付清（比《凡爾賽條約》要寬大許多），此外，德國還是得償還其他借款的利息。不過，在日後希特勒上臺以後，便單方面取消了德國全部的賠款義務。

經濟大恐慌的影響

這場始於美國、進而蔓延至歐洲的經濟大恐慌，所產生的破壞力之大，並不亞於一場大型的戰爭。想想看，世界經濟因此崩潰，原有的經濟制度也無法再繼續維持下去……

所產生的重大影響至少有以下幾個方面：

金本位制度的放棄

金本位制度本有「神聖的金本位原則」之稱，因為靠著這一制度，方能建立起自由匯兌的國際金融體系。但是在一九三一年九月，英國放棄金本位並使英鎊貶值，就是金本位制度崩潰的開始，過了半年左右，已經有二十幾個國家跟進放棄金本位，外加其他十幾個國家，也非正式的停止了金本位制度。

在一九三二年，只剩下美國、法國、德國、義大利、波蘭等二十幾個國家仍然採行金本位制度，但在察覺到這會令他們處於國際經濟競爭的不利地位時，也都紛紛放棄。放棄之後，則是採取貶值貨幣或其他比較嚴格的金融控制。

經濟自由主義的破產

經過這場驚濤駭浪之後，很多人都有感於講求自由競爭與自由市場的資本主義制度，原來不是萬靈丹，經濟這個事情似乎不僅是在戰時需要管制，即便是在平時也不能放任。還有人對於蘇聯式的計畫經濟，有了與之前不同的看法。

總之，過去大家所相信的經濟自由主義，受到了前所未有的挑戰。在經濟這個領域裡，「必要時政府有權力介入，也應該介入」成為一種新的共識，於是，政府遂開始出面訂定租金、物價、工資，以及仲裁勞資糾紛，還會管制私人企業，或逕予之國有化，控制市場供需，使兩者保持平衡，補助重要企業，設法協助失業者二度就業等等。

●經濟民族主義的抬頭

在經濟大恐慌之前頗為時興的國際交易，不再那麼受到重視，現在各國都希望能夠盡量做到自給自足，努力保護好自己國家的經濟資源，避免當國際市場出現不穩定時會受傷太重。因此，很多國家在放棄金本位制度並貶值貨幣之後，都開始採取管制外匯和不准自由兌匯的做法。

保護關稅政策也在各國大行其道，除此之外，又紛紛採取有數量限制的配額辦法，以求進一步限制外國貨品的輸入。

可以說在經濟大恐慌之後，各國政府都競相採取了經濟的民族主義，以往的國際經濟遂崩解為相互競爭的各國經濟體制。

至於戰債問題，英國在一九三二年「洛桑會議」之後，只償付了一些「象徵性的付款」，法國則根本賴掉，只有芬蘭清償了所欠的戰債。總計美國一共借出戰債一百多億美元，總共卻只收回了三十億美元。

●政治層面的影響

為了要應付這場經濟大恐慌，很多國家政府的權力都獲得擴大，美國羅斯福總統的「新政」也是屬於政府權力的擴大，因為如果不這麼做，似乎很難帶領人民度過難關。

但是，當經濟困境稍微獲得緩解之後呢？接下來該怎麼做？

大體而言，那些擁有深厚議會政治傳統的歐洲國家，譬如英國、法國以及西北歐諸國，並不會認為有犧牲民主政治來換取經濟安定的必要，在這些國家，即使是危難當頭，各企業原則上也沒有受到政府的控制，政府所採取的一些作為，都只是在非常時期暫時性的非常措施而已。但是在那些議會政治傳統不夠深厚，或者因一戰而使其政治與經濟的穩定性，遭到嚴重破壞的國家（譬如德國、義大利及東歐國家），看法和想法就不一樣了。

因此，經濟大恐慌最終也促使左翼聲勢較之前要壯大許多（一般而言，「右翼」比較屬於保守主義，「左翼」則多半都是比較支持激進改革的人士，兩者是一個相對的概念）。

第四章　風雨欲來

所謂「冰凍三尺，非一日之寒」，是指任何一種情況的形成，都是經過長時間的累積和醞釀，就像天寒地凍的景象不可能是在一天之內造成。也就是說，凡事都是有前因後果的。

如果二戰是「果」，那麼我們這一章要講述的重點就是二戰的「因」，當然，也只是「近因」。而我們首先應該了解的，就是極權政治。

1 極權政治的興起

極權政權興起的背景

在一戰以前，歐洲政黨的傳統類型為保守黨、自由黨以及左翼的社會黨，並沒有法西斯黨的存在。

什麼叫做「法西斯」？「法西斯」是拉丁語「fasces」的譯音，原來的意思是指「中間插著一把斧頭的束棒」；「束棒」又是什麼呢？這是一個特別的東西，象徵著羅馬最高長官的權力。後來，「法西斯」這個詞演化為「法西斯主義」，這種主義的重要精神是，對內非常強調民族主義，對外則十分追求侵略和掠奪，象徵強權、暴力和恐怖統治，是資本主義國家一種極端的獨裁形式，也就是一般所說的「極權政權」。

《大英百科全書》對「法西斯主義」的定義，則是「個人的地位被壓制於集體，譬如被壓制於某一個國家、民族、種族，或社會階級之下的一種社會組織。」

自十九世紀後期以來，由於一些不良的發展，比方說我們在第一章中講述過發生在法國的「德雷福案」，就有明顯的反猶色彩（之所以反對、排斥猶太人，前提就是出於強烈的民族主義），這些事件使「法西斯主義」有了可以發展的環境，而在一戰過後，歐洲各地普遍都彌漫著一股不安和憤懣的氣息，直接促成了「法西斯主義」的興起。

另一方面，經過了殘酷的一戰，不少人甚至對西方文化的前途深感悲觀，德國歷史哲學家史賓格勒（一八八〇～一九三六年）在戰後出版的《西方的沒落》就是一個例子；史賓格勒指出，二十世紀不僅不是民主、進步與和平的時代，而且還將是暴虐、帝國主義與戰爭的時代，同時，史賓格勒強調種族主義，可以說是開國家社會主義勝利之先河。

1922 年出版的《西方的衰落》下冊《世界歷史的觀點》封面。

事實上，戰後由於經濟與社會的混亂，特別是經濟恐慌與左翼勢力的囂張，使很多人都對議會民主的政治制度，與私有企業的資本主義制度，失去了信心。在歐洲，早已不時就會受到攻擊的代議制度，在一戰過後，對於政治、社會與經濟問題的處理，往往給人一種要不就是自由放任、任其自生自滅，要不就是緩不濟急、束手無策之感，這也令很多人相當不滿，左翼與右翼均躍躍欲試，都想要尋求更好的答案。

而出於面對左翼革命奪權以及經濟大恐慌的恐懼，如果不是具有深厚民主政治傳統，或是本身在政治與經濟比較有彈性的國家，面對「法西斯主義」就比較容易動搖。

是的，世界性的經濟大恐慌對於法西斯主義的興起，有著非常顯著的影響，以至於有些學者在探討極權政治的興起時，都會從經濟大恐慌開始講起。

後來，奉行獨裁統治的義大利法西斯黨，選擇以「法西斯」這個名稱做為該黨的標誌，「法西斯」便逐漸成為一種國家民族主義的政治運動。在兩次世界大戰之間，「法西斯主義」的勢力控制了義大利、德國、西班牙，以及蘇聯、捷克以外的東歐國家，在二戰期間更是蔓延大半個歐洲，諸如希特勒統治下的德國（或稱「納粹德國」，一九三三～一九四五年），與墨索里尼（一八八三～一九四五年）統治下的義大利（一九二二～一九四三年）等等，其專制統治都屬於「法西斯」。

義大利的法西斯主義創始人，墨索里尼。攝於 1930 年。

Ein Volk, ein Reich, ein Führer!

納粹德國的領導人，希特勒。

義大利法西斯

當初義大利之所以參加一戰，主要是衝著擴張土地的目的，並且希望能從奧匈帝國的手裡奪取**亞得里亞海**的控制權，結果這兩個目標都沒有達到，並且由於義軍在戰爭中表現不佳，以至義大利在「巴黎和會」中無足輕重，最終只獲得不足一千平方哩的土地。當列強紛紛瓜分德國的殖民地時，義大利原本當然也很想要分一杯羹，卻毫無所獲。

這樣的結果自然令義大利人非常失望，眾多民族主義者更是非常憤慨，因為這實在是太沒道理了，怎麼說義大利都在一戰中犧牲了六十萬人，戰後又因物資匱乏、物價高漲，而發生了嚴重的通貨膨脹，程度之嚴重，令人咋舌，光是戰後第二年，物價就比戰前要高出百分之兩百六十六！此外，戰後因工業衰退，工人的處境非常困難，農民也叫苦連天，復員問題又無法得到妥善的解決，還有高達兩百萬名的退役軍人都找不到工作……

總之，一戰過後，在所有西方的戰勝國當中，對於「巴黎和會」所達成的諸多協議最不滿的，大概就是義大利了。

義大利國內甚至還有民族主義分子，在極為不滿的情況之下發動了騷亂，向

亞得里亞海——亞得里亞海是地中海的一個大海灣，位於義大利與巴爾幹半島之間。

政府宣戰，經政府出動了海陸兩軍才告平定。

戰後一年（一九一九年十一月），義大利舉行大選，這是義大利停辦六年以來的首次大選。

大選結果，社會黨獲得的席次最多，顯示左翼勢力大有成長；其次是在大選這年才剛剛成立的人民黨，因為教皇在不久前，才完全撤銷了不准天主教徒從事政治活動的禁令，而人民黨的黨員正是以天主教徒為主，人民黨的政綱為政府分權、保障教會學校、勞工改革，以及廣泛的社會改革等等。

如果社會黨與人民黨能夠合作，就可以透過國會一起進行自由改革，但是社會黨黨員拒絕參加聯合政府，而且他們自己內部的意見也不一致。

不到兩年（一九二一年一月），社會黨中最左翼的群體變為共產黨，其餘的則在一九二二年分裂為兩派，分別是義大利社會黨以及改革社會黨。最終在同年十月，由極右派的法西斯黨取得了義大利的政權。

義大利法西斯黨之所以能夠崛起，與大選之後這三年的政局始終動蕩不安很有關係；此時義大利人普遍都十分渴望能夠有一個強有力的政府，來保護大家免受共產主義的威脅。

◆法西斯黨掌握政權

法西斯黨的領袖（或稱「統裁」），是時年三十九歲的墨索里尼。

墨索里尼是鐵匠之子，母親曾經在小學任教，他自己也曾經短暫的擔任過鄉村小學的校長。他早年是一個狂熱的社會主義者，反對帝國主義，從十九歲開始，他在世界各地流亡，打過零工、做過代課老師，居無定所，日子過得十分拮据。

二十二歲，墨索里尼加入社會黨。七年後，他擔任了社會黨機關報《先鋒日報》的主編。

一戰爆發時，墨索里尼三十一歲。他最初主張義大利中立，後來又主張加入協約國投入戰局，因此不見容於社會黨，還被指控接受了法國人的金錢支援，遂退出社會黨，並自己創辦《義大利人民報》，這份報紙一直到戰後第二年，仍然標榜為「社會黨報紙」。

義大利參戰之後，墨索里尼被徵召入伍，服役近兩年，在一九一七年六月，他因傷退伍，再次擔任《義大利人民報》主編。

一戰結束後，墨索里尼敏銳的察覺到，民族主義在義大利所具有的巨大能量，同時也注意到社會黨的特點，一方面因主張社會正義和改善工人的情況，而受到相當大的支持，另一方面又因主張和平與裁軍，遭到不少人的反對。墨索里尼認為，一個成功的政黨應該把民族主義與社會主義融於一體，對內應採取諸多措施（譬如向富人徵稅）來改善窮人的生存狀況，對外則應採取積極的政策。

義大利國家法西斯黨的黨徽。

一九一九年三月，墨索里尼在米蘭成立其第一個法西斯戰鬥團，兩年後建立國家法西斯黨，墨索里尼被稱為「領袖」。這年墨索里尼三十六歲。

翌年（一九二二年）十月二十四日，法西斯黨在那不勒斯召開全黨大會，大呼：「進軍羅馬！」與此同時，義大利各地主要的地主、銀行家、資本家，紛紛致送電報給政府，呼籲任命墨索里尼為首相，當局拒絕。然而，當局不知道的是，這個提議原來受到那麼多民族主義分子及工商業界的支持。

四天後，法西斯黨人真的開始「進軍羅馬」了。在天亮以前，他們分成很多小隊，拿著一大堆破銅爛鐵（有鐮刀、棍棒，甚至是驢子的下顎骨！少數拿著舊式步槍，就算是很豪華的裝備了），在一百多個地方發動攻擊，他們占領了火車站、郵局、地方政府等等，在大雨中逼近了羅馬。

當時的首相準備宣布戒嚴令，但國王為了保全王室拒絕簽署，首相只好立刻辭職。隔天國王便召請身在米蘭的墨索里尼前來羅馬，並授以組閣大任。

墨索里尼在二十四小時之內，就組成一個包含著法西斯黨與民族主義派的混合內閣。

獨裁者墨索里尼

「進軍羅馬」第二年，墨索里尼便強行讓國會通過一項新選舉法，保證了法西斯黨人在國會中穩居三分之二的多數，等於是讓國會自廢武功，失去了監督政府的作用。

法西斯統治從一開始就是建立在暴力之上，墨索里尼一上臺，更是逐步擴

1922 年向羅馬進軍的墨索里尼與法西斯黨的黑衫軍。

大自己的權力，為了進一步鞏固他個人的統治，墨索里尼一直是兼任好幾個內閣部長。一九二五年，墨索里尼宣布法西斯黨為義大利唯一的合法政黨，十三年後（一九三八年）乾脆下令取消議會，至此在國內完全建立起他個人的獨裁統治。這年，墨索里尼五十五歲。

在他統治的二十一年當中，他蔑視民意，讓黑衫自衛隊與安全警察以各種手段，對工人和民主運動進行鎮壓，還動輒就搞暗殺，消除一切反對黨，並積極宣傳種族主義。此外，他在黨內也不斷進行整頓和清洗，對所謂「不堅定的分子」，包括對黨中央指令執行不力，或是被他發現懷有野心的黨員，一律開除黨籍。

墨索里尼醉心於建立帝國、控制地中海，還一心想把亞得里亞海變成義大利的內湖，因此加緊進行擴軍備戰，就連他十分注意的學校教育改革，也不忘把改革與擴軍備戰緊密結合起來。當然，他也親自兼任陸、海、空軍總長，身為義大利的最高統帥，全國所有的部隊都必須絕對聽從他的調遣。

法西斯統治在維持社會秩序方面有其成效，諸如黑手黨等黑社會組織都被嚴加取締，對於文化出版亦嚴加管制與檢查。不過，可能很多人都不知道，世界上第一個國際電影節「威尼斯國際電影節」（最高獎項為「金獅獎」），是墨索里尼於一九三二年，於水城威尼斯創辦的。

在經濟方面，義大利的資源不豐，缺乏煤和油，水力發電的發展也不理想，所以很難發展工業，農業還是其主要經濟。在經濟大恐慌以後，法西斯黨頗注重公共工程，只是很多工程的目的不是出於經濟利用，而是為了要壯大聲勢。在一九三三年底，義大利失業人數已經超過了百萬大關。

在財政困難的情況下，法西斯政府偏偏還要對外用兵，譬如侵略東非的衣索比亞、介入西班牙內戰（關於這場戰爭，我們在下一節再做講述），都使國家的經濟狀況雪上加霜，而政府的應對之道，譬如空前過高的徵稅、政府強行借貸等等，更是讓老百姓都喘不過氣來。

希特勒的掌權之路

希特勒與墨索里尼年齡相仿，只比墨索里尼小六歲。一八八九年，希特勒出生於奧匈帝國，父親是一名海關小職員。他在小時候對繪畫很有興趣，也頗有藝術細胞，希望日後能在藝

希特勒的水彩畫作，描繪於慕尼黑一處住宅區的庭院風景。

術方面求發展，不過父親還是希望兒子能跟自己一樣，成為一個公務員。

在他十四歲那年，父親病逝。三年後，一過完十七歲生日，帶著母親和親戚給的一點錢，他來到維也納。他深信想要在藝術上出人頭地，就必須在維也納立足。然而，他報考了兩次藝術學院繪畫學校都沒有通過，轉而想去試試建築師學校，卻也碰壁，因為他連中學都沒有畢業，不符合招生條件。不久，打擊接二連三的到來，他接到消息，母親也病故了。

接下來的日子，儘管生活頓時更加困窘，希特勒還是一直留在維也納，做一個街頭畫家，碰到生意特別慘淡的時候，他就幫人家搬行李，或是做一點像是鏟雪這樣的零工。希特勒在政治與社會的觀點，包括反對猶太人的思想，大多都是年輕時在維也納時期所形成的。

在一戰爆發的前兩年，希特勒移居德國巴伐利亞的慕尼黑，以畫素描及手繪明信片為生。一戰爆發後，時年二十五歲的希特勒應徵入伍，他在戰場上表現得頗為英勇，曾經兩次獲得「鐵十字」勳章。「鐵十字」是德意志民族的象徵，每一個德國戰士都將自己能得到「鐵十字」勳章，視為一項莫大的榮譽。

一九一七年，希特勒曾經在戰爭中負傷，翌年又中了**瓦斯毒**。很多人都認為由於希特勒康復得不太理想，再加上後來德國戰敗，對他精神上造成極大的打擊，

瓦斯毒——一戰中的毒氣戰一共使用了三十多種毒氣，造成巨大傷亡，倖存的士兵也會留下很多後遺症。在一戰結束後，很多國家都協定今後再也不允許在戰場上使用毒氣。

才導致他情緒不穩。

戰後，希特勒和墨索里尼一樣，也很快就察覺到民族主義與社會主義是兩股龐大的政治力量。一九二〇年，希特勒與另外六人改組了他們原屬的德國工人黨，將黨名改為「國家社會主義德意志勞工黨」，簡稱「國社黨」，習稱「納粹黨」。翌年，希特勒出任黨魁。

希特勒頗具演說才能，他的演講總是很具煽動性，而他經常著墨的兩個主題，就是攻擊《凡爾賽條約》和猶太人。

一九二一年七月，希特勒已經完全控制了「納粹黨」。這年他三十二歲。

與墨索里尼在同一年建立的國家法西斯黨相較，「納粹黨」有不少類似之處，比方說，墨索里尼自稱「統裁」，希特勒自稱「統領」；墨索里尼有「黑衫隊」，希特勒則有「褐衫突擊隊」。不過，希特勒又特別組了一支「精衛隊」來保護自己，而精衛隊的制服是以黑衫和匕首為標誌。

一九二二年，因德國無力支付《凡爾賽條約》裡極其嚴苛的賠款，導致翌年一月，法國和比利時的軍隊進占了魯爾工業區。德國政府鼓勵人民消極抵抗而發放津貼，使得本已非常惡劣的德國經濟益發惡化，終告崩潰。到該年十一月初，一條麵包要售一百零六億馬克；十一月中，要兩兆五千兩百億馬克才能兌得美金一元……

就在通貨膨脹到了荒謬不堪的十一月，希特勒感覺機會來了，遂在十一月八號在慕尼黑發動「啤酒館暴動」。這本是希特勒想要仿效一年前，義大利法西斯黨「進軍羅馬」的行動，希望藉此奪得政權，不過事敗，翌日，當遊行隊伍走近警察的封鎖線時，爆發了衝突，三名警察和十六名納粹分子在衝突中被活活打死，希特勒當場逃走，兩天後在友人的鄉間別墅被捕。

希特勒在獄中完成的著作《我的奮鬥》，其中充滿納粹主義的思想，被稱為「世界上最危險的書」。

因為獲得了法官的同情，希特勒僅僅被判刑五年，實際上只服刑了九個月就被釋放了。在服刑期間，希特勒口述、然後由祕書整理了一本自傳，書名為《我的奮鬥》，這本書後來成為納粹黨的政治哲學及行動綱領。希特勒在書中強調亞利安人為「主宰種族」，讚揚條頓族光榮的歷史和成就，鼓吹應該追求種族的純粹、倡導國家力量，主張所有的日耳曼人都應該被包括在德國之內，並將法國認定是德國的世仇，抨擊西方的民主政治型態是墮落的產品等等。

◆誕生於動盪的納粹德國

原本德國在一九二四年以後，經過政府一連串的措施，金融總算是逐漸穩定下來，並且逐漸恢復了繁榮與信心。到了一九二九年，德國商船噸位已回復至接近戰前的數字，工業生產量超過了一戰爆發前一年的數字，而且開始出超（所謂「出超」，是指在特定年度，國家的出口貿易大於進口貿易的總額，又稱「貿易順差」，表示這年國家對外貿易是處於有利的地位）。

然而，就在這年十月下旬，美國發生了「黑色星期五」。從這年開始一直到一九三三年，受到美國經濟大恐慌的波及，德國對外輸出減少了將近三分之二，而在一九三二年三月，失業人口就已突破了六百萬人。

隨著經濟問題的益發嚴重，原本對很多德國人來說，並不特別具有號召力的「納粹黨」，遂順勢而起。譬如在德國六千萬人口中，猶太人大約有六十萬人，不乏在各行各業具有傑出成就者，「納粹黨」的反猶信念，給了不少失業者某種希望，彷彿可以從猶太人手中搶回一些工作機會。

此外，由於此時共產黨的聲勢愈來愈大，在國會的席次增加，也讓不少工商界人士感到憂心，認為似乎只有希特勒才能夠抵制共產勢力，於是紛紛資助「納粹黨」的政治活動。還有傳播界重量級人物，以手中所握有的大眾傳播工具，頻頻為希特勒製造聲望。

就在這樣多方助攻之下，在一九三〇年九月的國會選舉中，「納粹黨」竟一躍而成為主要的政黨，到這個時候，希特勒的野心是再也不可能收斂了。這年，希特勒四十一歲。

緊接著，經過近兩年半的政治角力，威瑪共和在慘淡經營了十五年之後，終於宣告崩潰，興登堡總統（一八四七～一九三四年）迫於無奈，只好任命希特勒為總理。在此之前，興登堡總統一直相當討厭和鄙視希特勒，曾對人說，依他看來，「希特勒只適合擔任郵政局長」。

希特勒所組成的內閣，最初為納粹與民族派的聯合內閣。這對希特勒而言仍然不夠，所以，他故意運用一些手段來杯葛，讓這個內閣無法運作，政府只得宣布在一個半月之內重新進行大選。

大選日期定在三月五日，「納粹黨」立刻展開如火如荼的競選活動，政見無不拼命迎合當時所有反猶太人、知識分子、社會主義者、自由主義者、和平主義者，乃至對共產黨的偏見。

在競選期間，戈林（一八九三～一九四六年）對希特勒出力最多。戈林是「納粹黨」的二號人物，是一戰期間的王牌飛行員，獲得過最高級別的軍事勳章（「大鐵十字勳章」），在「啤酒館暴動」中曾受到槍傷；稍後在納粹建立極權統治之後，就是戈林組建了令人聞風喪膽的「蓋世太保」。「蓋世太保」一詞，是德語「國家祕密警察」縮寫「Gestapo」的音譯。

大選結果，「納粹黨」獲全國總票數的百分之四十四，以壓倒性的勝利成為全國第一大黨。

納粹對於猶太人的迫害，從大選結束的第二個月就開始趨於系統化。

一年半後（一九三四年八月二日），興登堡總統過世，在此前一天，希特勒通過一項法規，要將總統與總理的職權集於一身。這個法規在十幾天後的公民投票中，竟獲得全國選民百分之九十（也有「百分之八十八」之說）的同意。

納粹衝鋒隊隊員於猶太人商店門口，抵制猶太人做生意。攝於 1933 年。

希特勒就這樣擁有了總統與總理的權力，不過，他最喜歡的稱號仍然是「統領」。這年，希特勒四十五歲。

「納粹黨」人喜歡稱他們所建立的國家為「第三帝國」。

在他們的概念中，「第一帝國」是神聖羅馬帝國（九六二～一八〇六年），「第二帝國」為俾斯麥所創造的德意志帝國（一八七一～一九一八年），而被拿破崙控制的時期、德意志同盟時期，以及威瑪共和時期，都是屬於德意志歷史上不光彩的時期，應該排除不計。

為了要讓德國強大、恢復德國在歐洲的地位，並且撕毀《凡爾賽條約》（這幾乎可以說是一戰過後，德國全國人民的共識）等等，希特勒開始積極擴軍，並建造潛艇和巨艦。

一九三四年六月，希特勒與義大利結成同盟。兩年半後（一九三六年十一月），德國與日本簽定防共協定，義大利於一年後加入，後來二戰中「軸心國」的陣營於焉成形。

「軸心國」這個說法源自墨索里尼。在德、義簽定同盟條約之後不久，墨索里尼表示「柏林和羅馬的垂直線不是壁壘，而是軸心」（因為柏林和羅馬在同一經度線上），因此後人就把法西斯同盟稱為「軸心」，參加的國家則一起被稱為「軸心國」。

極權政權的共同特徵

「極權政權」（泛稱「法西斯主義」），在二戰以前不僅崛起於義大利與德國，還在西班牙、葡萄牙，以及波蘭、奧國、羅馬尼亞、南斯拉夫、匈牙利等東歐各國大行其道。由於這些極權國家的政府，往往都缺乏堅固的法理基礎，所以學者們多半都稱之為「極權政權」。

實行共產主義的蘇聯，則代表另一種型態的極權政治。

「極權政權」有不少共同的特徵，比方說：

都非常強調種族主義

尤以納粹為然，這是來自民族主義與強調民族團結的過分發展。「國家的（national）」這個詞就是從拉丁語源「出生（nasci）」而來，這是生物學上或種族上的意義，指一個國家（nation）是由具有共同血統的民族所構成。

納粹黨的標誌。

都非常注重宣傳機構

這是因為「極權政權」總是積極想要塑造和左右人民的思想和觀念，當然也包括製造輿論、改寫歷史，又由於政府對於各種資訊的控制十分嚴密，人民無法擁有獨立的消息來源，也無法證實官方所給的意見是否正確，久而久之，便自然而然喪失了推理的能力。

接受暴力，甚至將暴力合理化

崇拜暴力的現象，早在一戰之前就已頻頻出現。蘇聯的列寧及其同志的事蹟，說明了只要組織嚴密，即使是在人數上不占優勢，也可成功奪權。而在歐洲，一九二二年義大利墨索里尼「進軍羅馬」，也提供了類似的事例。

極權政權的矛盾

「極權政權」在得勢之前，總是拼命強調階級衝突的嚴重性，以鼓動人民的憤怒與恐懼。可是，在一旦得勢之後，便會宣稱各個階級均一致團結擁戴領袖，「階級」突然就完全不存在了。

●極權政權善於諉過

「極權政權」總是譴責國外力量為國內問題的根源，以此來把國內問題轉變為國際問題。

此外，都有身著特別制服的私軍，都有特別的敬禮方式，都特別善於用一些空洞的遠程目標來催眠群眾，都反對民主自由，都有出版檢查、祕密警察、集中營等等，也都是「極權政權」共同的特徵。

在一九三〇年代，對西方文明來說，「極權政權」構成了最大的威脅，且由於這個威脅實在太大，因而促成當時一種特別的合作，就是為了抵擋「法西斯主義」，保守的右翼力量往往會與社會主義、共產主義的左翼力量暫時聯合起來，而這直接造成二戰之後左翼力量的坐大。

對東方來說，歐洲國家因為面臨「法西斯主義」的威脅，無暇他顧，也在無形之中提供了日本在遠東得勢的機會，並進而眼睜睜的看著日本破壞了亞洲的舊秩序。

最後，我們還要注意一點，那就是「極權政權」與「極權主義」是不一樣的。「極權主義」是在二十世紀初，首次出現於俄國革命之後。

基本上，蘇維埃政權與法西斯政權是不相容的，二者也有若干差異，譬如蘇維埃政權就沒有狂熱的民族主義，也沒有極端的種族主義。不過，當蘇維埃政權所標榜的「無產階級專政」成為永久狀態時，在史達林時代，民眾對領袖的崇拜，也絲毫不亞於法西斯政權。

2 西班牙內戰與人民陣線

西班牙內戰，發生在一九三六年七月中至一九三九年四月初，為期近三年，被認為是二戰爆發的前奏。

美國現代著名作家海明威（一八九九～一九六一年）在四十一歲那年出版的長篇小說《戰地鐘聲》（也有譯本叫做《喪鐘為誰而鳴》），就是以西班牙內戰做為背景，是海明威的代表作之一。講述一個美國青年羅伯．約丹，本來在大學裡教授西班牙語，對西班牙懷有特殊的感情，在西班牙發生內戰以後，就一腔熱血跑到西班牙，志願參加了政府軍，後來在戰鬥中犧牲了寶貴生命。

十三年後，海明威以《老人與海》榮獲諾貝爾文學獎。

海明威寫《戰地鐘聲》這部小說時，多少有加入自己的親身體驗，因為在西班牙內戰爆發後第二年，他曾以戰地記者的身分去了西班牙，還到過前線。

以《動物農莊》、《一九八四》等寓言小說聞名於世的英國作家歐威爾（一九〇三～一九五〇年），和海明威一樣，當時也是西班牙內戰的戰地記者。

事實上，如果戰地記者不算，當時大約有四萬人、幾乎都是知識分子，從世界各地紛紛趕到西班牙，加入西班牙政府軍，參與內戰。海明威在《戰地鐘聲》裡所塑造的主人翁，就是一個典型的人物。知識分子如此積極參與西班牙內戰，這是二十世紀其他危機中所沒有過的情形。

你一定會覺得很奇怪，既然是內戰，不就是西班牙自己的事嗎？怎麼會有那麼多外國人，明知道危險、明知道可能一去不回，還要志願趕去幫忙呢？

達爾文的曾孫，是一位優秀的劍橋大學的學生，就是這樣年紀輕輕的死在了西班牙，像這樣的例子還有很多很多。

而這一切，得從「人民陣線」開始說起。

英國知名的小說作家，歐威爾。圖為他的記者證件照，攝於 1943 年。

諾貝爾文學獎得主、美國知名作家，海明威。

◆人民陣線

在西方歷史上，一九三〇年代（精確的說應該是一九三四至一九三九年間），是「人民陣線」時期。

什麼是「人民陣線」？簡單來講，是指由一群人（多半是知識分子）基於一些理念所形成的聯盟，而且這群人並不是限定在哪個國家，理論上應該是什麼國家的人都有，比方說，海明威是美國人，歐威爾是英國人。不過，實際上「人民陣線」是在法國、西班牙，以及德國、義大利的流放者之間成形。

所以，重點是要認同某種理念，什麼理念呢？最重要的一點就是——眼看法西斯主義在義大利和德國崛起，很多人都感到一種深切的憂慮和迫在眉睫的不安，都認為一定要趕緊採取什麼措施，來遏制法西斯主義這個怪物。在很多人看來，此時阻止法西斯主義繼續發展的重要性要高於一切，而且是刻不容緩！

那麼，該怎麼阻止、該採取什麼措施呢？當時很多人都認為，應該在法西斯主義的四周（主要就是在德國與義大利四周），建立起一個廣泛的政治聯盟，這就是「人民陣線」。

這個聯盟的成員之廣，著實令人大感意外，因為它並不僅僅是聯合了自由主義者，或只聯合了社會主義者，而是聯合了自由主義者、社會主義者，還有共產主義者，總之，就是一切反法西斯主義的人士。實行共產主義的蘇聯，在一九三四年加入「國際聯盟」時，就表明此時工人最重要的事，就是要聯合民主主義者進行防禦，並反抗法西斯主義。

由於自由主義在一九三〇年代可說徹底的失敗，包括在面對經濟大恐慌時所表現出來的無能，促使很多知識分子都開始尋找新的價值觀，「人民陣線」遂吸引了全世界的左派人士。「左派」這個詞最初是源自法國大革命時期，在近現代政治中，「左派」是指特別維護社會中下層利益，並且支持改變一些舊有的、不合理的社會秩序，希望創造一個更為平等的社會，能將人民財富和基本權利都做更合理分配的群體。

然而，「人民陣線」從一開始就是一個很不協調、甚至可以說充滿了矛盾的聯盟，它的源起是為了反法西斯，結果，愈反就愈引發內部激烈的爭論，比方說，有人主張要充實軍備方能對付法西斯，可充實軍備這一點，

西班牙內戰期間發行的反法西斯主義海報，標題寫著「為了抵制（法西斯主義），你正在做什麼（反抗）？」。

明顯就有違左派傳統的反戰主義。

「人民陣線」另一個根基是經濟蕭條，但關於應該如何解決，也沒能提出理想的方案。

鑒於這些真實存在的問題，「人民陣線」並沒有在民主歐洲各地廣為建立，西班牙是歐洲唯一由「人民陣線」聯盟握有權力的國家。

西班牙的「人民陣線」是由民主主義者、附屬於社會黨和工團主義者，以及標舉著「對抗法西斯」、組織遍及全世界的無政府主義者所組成，規模極其龐大，並在一九三六年二月贏得大選。但同年春天，一些西班牙資深軍官就開始著手計畫奪取政權，為首的是時年四十四歲的佛朗哥將軍（一八九二～一九七五年），他乘坐由英國擁護者提供的專機，從之前被放逐的地方飛抵摩洛哥（摩洛哥的北部和西班牙、葡萄牙隔海相望）。七月十八日，佛朗哥將軍發出攻擊信號，利用向墨索里尼借來的運輸機，將不少外籍軍團運過直布羅陀海峽（位於西班牙最南部和非洲西北部之間），抵達安達魯西亞（西班牙最南之地），內戰就此爆發。

內戰爆發的原因

若細究西班牙爆發內戰的主要原因，仍是在於種種社會矛盾之下，從長期引起的對立，進而演變成一場大規模的武裝鬥爭。由於當時的政府是屬於「人民陣線」，因此引起了國際間的高度矚目，並且如前所述，很多懷有崇高理想的人士都紛紛主動馳援，似乎是把參戰（成為自願軍）當做一種個人直接對抗法西斯的英雄式舉動。

戰爭期間，除了這些自願軍，政府軍還擁有來自蘇聯與墨西哥的支援，以及首都、工業區和東部海岸的強大支持，而反抗軍則除了擁有英國、法國「保證不干預」這個有利條件之外，最重要的是，得到了來自義大利和德國在軍隊、金錢等多方面的支持，士兵的素質以及軍隊的武器裝備，都比較占優勢。

在持續了近三年、犧牲了超過五十萬人的生命之後，這場內戰終於結束，由反抗軍獲勝，政府軍戰敗，西班牙第二共和國宣告解體，佛朗哥將軍就此成為終身國家元首。

這場戰爭，雖名為內戰，實際上有著錯綜複雜的國際背景，而戰爭結果也代表著義大利與德國的勝利。

不久，在二戰期間，佛朗哥取締其他一切政黨，實行法西斯獨裁統治，至過世為止，他在西班牙獨裁統治了三十幾年之久。不過，佛朗哥政府頗致力於西班牙的建設，在二戰爆發後，也頂住了德國和義大利的壓力，得以保持中立。

此外，西班牙內戰也首次出現飛機對坦克的轟炸，還有首次對「不設防城市」進行大規模轟炸之事。所謂「不設防城市」，是指戰爭期間沒有軍事設施、也沒有軍隊防禦的城市。再加上交戰雙方都以虐殺戰俘聞名等等，使得這場內戰從頭到尾，始終受到國際間的關注。

而在戰爭結束（一九三九年）之前，「人民陣線」其實也就已經宣告瓦解了，許多歐洲人士甚至還開始傾向法西斯，而不再支持左派。

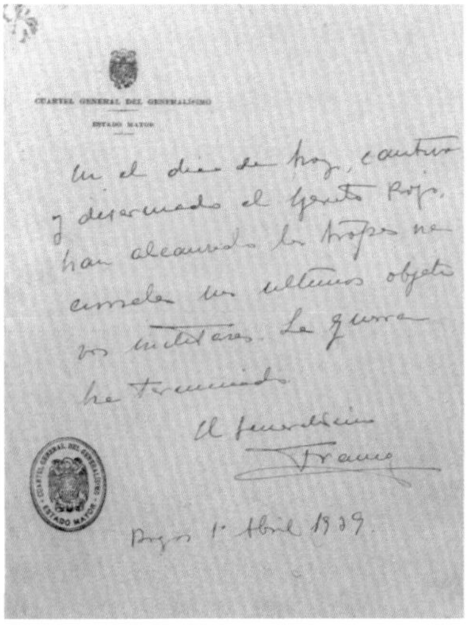
CUARTEL GENERAL DEL GENERALISIMO
ESTADO MAYOR

En el día de hoy, cautivo y desarmado el Ejército Rojo, han alcanzado las tropas nacionales sus últimos objetivos militares. La guerra ha terminado.

El Generalísimo
Franco

Burgos 1º Abril 1939.

由佛朗哥將軍簽下的停戰聲明，西班牙內戰正式結束。

西班牙的獨裁統治者，佛朗哥。

第五章　烽火連天

在這一章，我們要講關於二戰的經過。
為了讓大家有個比較明確的時間感，並且呈現大戰戰場之廣
（畢竟是歐洲、北非、亞洲等地同時開打，而不是歐洲打完亞洲再打），
從西元一九三九至一九四五年，我們將盡量以逐年做重點講述。

1 國際秩序的惡化

在一九三〇年以後，國際集體安全制度已逐步走向崩潰，「第二次世界大戰」，簡稱「二戰」，隨之爆發。

一般定義二戰的時間，是從一九三九年九月一日至一九四五年九月二日，為期六年，也就是說，在「西班牙內戰」結束的半年之後就爆發了。

中國所說的「八年抗戰」，則是從一九三七年七月七日發生「盧溝橋事變」（也就是「七七事變」）、中日戰爭全面爆發開始算起，直到一九四五年結束。如果再提前一些，從一九三一年「九一八事變」開始算起，那就是十四年了。關於中日戰爭，我們將在本節的第一小節中講述。

二戰和一戰一樣，也是兩個陣營；一邊是反法西斯的「同盟國」，分別是美國、英國、中國、蘇聯等等，另一邊則是法西斯「軸心國」，分別是德國、義大利、日本（至於目的，納粹德國想要建立歐洲「新秩序」，義大利醉心追求光榮，日本則企圖在東亞製造「共榮圈」），以及德、義、日三國的跟班，如匈牙利、羅馬尼亞、保加利亞等。

發生二戰的原因，很多都可以追溯至一戰所遺留下來的問題。

這是有史以來第一個「真正的」世界大戰，從歐洲到亞洲、從大西洋到太平洋，直接的戰場涉及了五大洲，如果要說戰爭影響的範圍，就還要再加上南美洲，也就是說，全世界只有企鵝居住的南極洲沒有被波及，先後總共有六十一個國家和地區、多達二十億以上的人口被捲入。

這場戰爭不僅規模空前，在許多戰略、戰術的構想與運用上，和一戰完全迥異，所發生的影響和所留下來的後遺症，也是過去從來沒有見到過的。

◆中日戰爭爆發

在一戰過後，日本在華的擴張受到了英、美列強的遏制，八年後、一九二六至一九二八年（民國十五～十七年），中國的北伐戰爭又讓日本感到在華利益受到明顯的削落，此時日本政府已有意要調整對華政策，打算要加快併吞中國東北地區。

到了二十世紀三〇年代初，由於世界性的經濟大恐慌，使日本經濟也受到很大的打擊，很快的，經濟問題又引發了政治危機，日本法西斯勢力遂決定要衝破華盛頓體系對日本的束縛，想要趁著英、美都在忙著應付自己國內的經濟危機，而中國又在為了「剿共」忙得焦頭爛額之際，以強硬的手段奪取東北，來為自身擺脫困境，並且進一步圖謀爭霸世界。

所謂「華盛頓體系」，亦即「凡爾賽—華盛頓體系」，就是指在一戰過後，戰勝的協約國在「巴黎和會」中簽定的，包括針對德國的《凡爾賽條約》等一系列和約，由這些和約構成戰後帝國主義在歐亞的統治秩序。按列寧形容，這是一種「建立在火山上的國際關係」，意思是指這個體系隨時會崩潰和瓦解。

果不其然，現在日本就計畫要揚棄這個體系了。

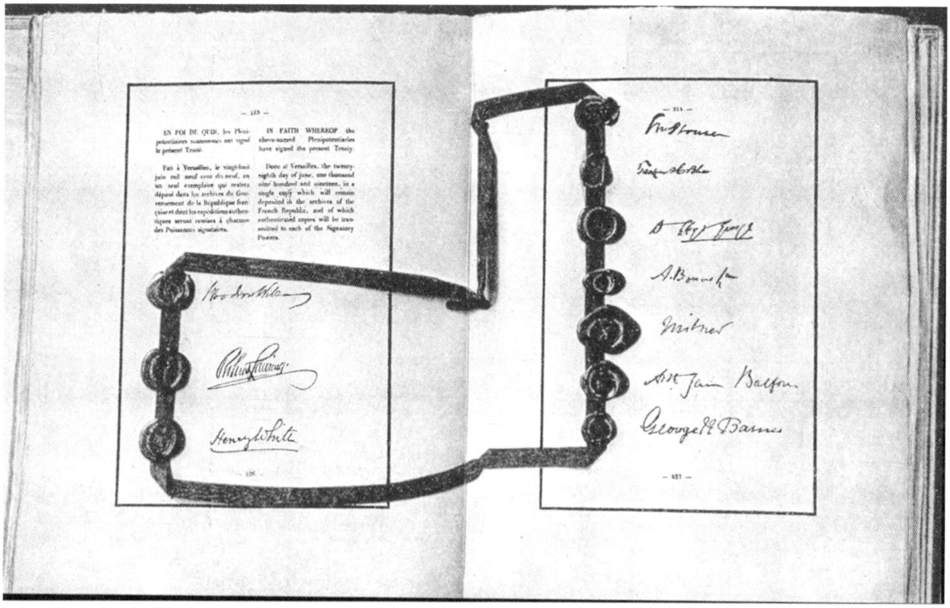

一戰勝利的協約國領袖於《凡爾賽條約》上的簽名。由這些強國於戰後形成的歐亞秩序，稱為「華盛頓體系」。

他們決定要在遼寧省的瀋陽動手。

瀋陽這裡有一條南滿鐵路，本是十九世紀末、二十世紀初，沙俄在中國東北境內所修築的中東鐵路的一部分，而中東鐵路是沙俄為了攫取中國東北資源、稱霸遠東地區所建。一九〇五年、沙俄在「日俄戰爭」戰敗之後，這條鐵路的權利被歸屬於日本，改稱「南滿鐵路」。

一九三一年（民國二十年）九月十八日晚上，日本炸毀了位於瀋陽柳條湖附近、南滿鐵路的一處路軌，然後栽贓嫁禍給中國軍隊，緊接著，日本就以此為藉口，炮轟瀋陽北大營（這是中國東北軍營的所在地），是為「九一八事變」。

翌日，日軍就悍然侵占了瀋陽，隨後又陸續侵占了東北三省（遼寧省、吉林省和黑龍江省）。不到半年，東北全境淪陷。

一九三二年三月初，日本在東北建立了一個傀儡政權，是為「偽滿洲國」（因為中國和國際社會對此政權均不承認，所以要加上一個「偽」字），初期採共和體制，立清廢帝、時年二十六歲的溥儀（一九〇六～一九六七年）為元首，初期的稱號為「執政」，年號「大同」。溥儀後稱「皇帝」，年號「康德」。

日本就是藉著偽滿洲國，對中國東北人民展開長達十幾年的殖民統治。

「九一八事變」之後，中國向「國聯」求助（就是我們在第一章中介紹過，在一戰過後，以促進國際合作、達成國際和平與安全為目的而成立的「國際聯盟」），可是並未得到「國聯」的積極回應。

這一方面固然是由於「國聯」本身「先天不足、後天失調」，以至於對各國缺乏約束能力，另一方面也與當時西方列強，普遍均奉行「姑息政策（或稱「綏靖政策」）」有關。

所謂「姑息政策」，簡單來講，就是一種對於侵略行為不加抵制，而是採取姑息縱容的態度。這樣的結果就是，大家以犧牲某一國家（被侵略的國家）為代價，與侵略者達成一種表面上的和平，實際上就是一種不講公理正義、沒有是非原則的妥協。

「九一八事變」六年之後（一九三七年），這年七月七日晚上，當日軍在北平西南盧溝橋附近演習時，藉

中國代表向國聯提出滿州國問題，希望求得幫助，將日本勢力逐出中國，卻沒有得到回應。攝於 1932 年。

口有一名士兵失蹤，要進入宛平縣城搜查。這種無理的要求，自然遭到中國守軍的嚴詞拒絕。不料，日軍竟然就向中國守軍開槍射擊，又炮轟宛平城，中國守軍憤而回擊，這就是震驚中外的「七七事變」，又稱「盧溝橋事變」。

如果說「九一八事變」是日本帝國主義侵華的開端，「七七事變」就是日本發動全面侵華戰爭的開始，同時也加劇了國際形勢的緊張態勢。

「七七事變」發生以後，中國立刻再度向「國聯」申訴，希望「國聯」能夠出面主持公道，然而，與六年前相比，這個時候的「國聯」聲望更低、也更軟弱。

「國聯」將中國的申訴，交付「遠東問題十九國諮詢委員會」去處理，大約過了三個月，委員會的報告出爐了，認為日本的侵略行動有違一九二二年的《九國公約》，以及一九二八年的《巴黎非戰公約》。

我們要特別來了解一下《九國公約》。這項公約是

七七事變中與日本作戰的中國部隊。攝於 1937 年。

「華盛頓體系」的一部分，核心精神是肯定由美國所提出來，要在中國實行「門戶開放、機會均等」的原則，並賦予它國際協定的性質，其實就是要限制日本獨占中國的野心。

那麼，接下來該怎麼辦呢？委員會建議，不妨去諮詢《九國公約》中那九個簽字國。

委員會這份報告在十月初經「國聯大會」通過，大會並且決議，呼籲各會員國不要採取任何會削弱中國抵抗力的行動。

在報告通過的前一天，美國羅斯福總統在芝加哥演說中提到，有必要「孤立」或「免疫隔離」某些國家，以遏阻「世局的混亂」，儼然是針對日本侵華一事比較強硬的表達。可是，這一演說事先並未與國務院取得共識，一個禮拜之後，羅斯福總統就修改了立場，改為希望中、日雙方能夠相互合作，一起研究看看該如何解決衝突。

又過了一個月左右，「國聯」在比利時的布魯塞爾舉行了一場會議，出席的國家包含了《九國公約》中最初的九個簽字國，以及後來簽署這項公約的其他國家，德國、蘇聯亦應邀參加，不過，日本沒有出席，義大利遂成為日本的代言人。

義大利在會中主張，中、日應該和平解決爭端，美國、英國、法國等國也都認為，應該用調停的方式來處理衝突。「國聯」重申《九國公約》的原則，表示任何違反此原則所造成的改變不會獲得承認，同時也表示，中、日衝突涉及整個世界的和平與安全，不只是中、日兩個國家的事而已。

話說得不錯，但除此之外，「國聯」實在也拿不出什麼具體的辦法。

在「七七事變」滿一年以後，中國再一次向「國聯」求援，「國聯」要求日本先恢復會籍（原來日本在一九三三年已退出「國聯」），並要求日本以和平手段與中國協商，謀求解決之道。

日本拒絕了，「國聯」只得要求各個會員國對日本執行個別的制裁，但依然沒有什麼效果。

兩個月之後、一九三八年十一月三日，日本終於有回應了，然而這個回應真是令各界瞠目結舌；日本竟然宣布，他們承認在中國的軍事行動是有目的的，目標就是要建立「亞洲新秩序」，並且還明確指出，這個新秩序的基礎，就是要日、滿（偽滿洲國）、中三方合作。

如此荒謬無理的說法自然遭到中國的拒絕，美國也表示不能接受。

而在稍早以前、在日本提出「亞洲新秩序」之說的同年二月，希

倡導要結合「日、華、滿」三方力量合作的海報。

特勒已經承認了偽滿洲國；七月，義大利與日本、偽滿洲國簽署了三邊貿易協定，等於德國和義大利都無視於公正原則與國際秩序，公然為日本撐腰，對此，「國聯」自然也是束手無策。

事實上，「國聯」本身就是軟弱可欺，根本拿那些列強一點辦法也沒有，而列強往往又基於自己在遠東的利益，很難步調一致，甚至還有不少國家並不反對日本在華北的擴張。

由於「九一八事變」和「七七事變」都有這些國際上的牽扯，中日戰爭遂被後世認定是拉開了二戰的序幕，後來中國也成為二戰的主要戰場之一。

此時，德國和義大利都明顯的傾向日本，不斷將軍事顧問與教練撤出中國；蘇聯則因自身的利益而比較支持中國。

衣索比亞危機

繼中、日問題之後，國際秩序進一步惡化的例子，當屬義大利侵略衣索比亞（也有的譯為「埃塞俄比亞」）。

衣索比亞是東非碩果僅存的獨立國家，是一個擁有三千年文明歷史的古國，他們的祖先最早是從阿拉伯半島南部移入。在西元前十世紀下半葉，孟利尼克一世就在此稱王。

一八八九年，孟利尼克二世（一八四四～一九一三年）稱帝，統一全國，奠定現代衣索比亞的疆域。七年以後，孟利尼克二世率軍大敗義軍，義大利被迫承認衣索比亞獨立。

可是，進入二十世紀以後，義大利還是一直很想拿下衣索比亞，這樣就可以與他們已經控制的義屬索馬利亞、厄利垂亞等地，一起建成東非殖民帝國。

一九三三年一月初，眼看義大利圖謀不軌的動作頻頻，衣索比亞向「國聯」申訴，「國聯」花了兩年的時間，總算才讓衣索比亞和義大利雙方都同意，要以仲裁的方式來解決衝突。不過，義大利其實早就決定，等到衣索比亞的雨季一結束就立刻出兵，因此在一九三五年六月至九月，一直蓄意造成仲裁會議的延宕，私底下則不斷運送軍隊及補給至東非屬地。

同年十月初，義大利未經宣戰，就從義屬索馬利亞和厄利垂亞兩路出兵，進攻衣索比亞。

儘管「國聯」在四天之後就宣布義大利為侵略者，並於幾天之後舉行的國聯大會通過決議，要對義大利實施經濟制裁，然而，這個制裁並沒有真正執行的力量，不少國家都是心存敷衍，因為此時法西斯的氣焰已經十分囂張，就在這一年的三月，希特勒已公開撕毀《凡爾賽條約》限制德國軍備的規定，很多國家連帶對同樣是法西斯的義大利頗為顧忌。更何況「國聯」呼籲的經濟制裁並不包括煤和石油，也使得這樣的「制裁」對義大利來說不痛不癢。

在列強中只有英國的態度比較堅決，比較認真在執行對義大利的經濟制裁，可即使如此，也始終沒有放棄要與義大利妥協的想法。

同年年底，一份有著英、法兩國參與的協議曝光，輿論大嘩，因為此協議完全偏袒義大利，衣索比亞竟然將會喪失三分之二的領土。在輿論的撻伐聲中，英國外相為此下臺。

情勢已非常明顯，那就是「國聯」完全無法阻止義大利。

翌年五月，義大利攻入衣索比亞的首都，衣索比亞的皇帝逃走，義大利國王宣布自己為衣索比亞的皇帝。緊接著，義大利便如願將衣索比亞、義屬索馬利亞和厄利垂亞合組為「義屬東非」。

侵略者就這麼得逞了，而更讓人無語的是，兩個月後，「國聯」索性把對義大利的經濟制裁也解除了。

2 第二次世界大戰的經過

一九三九年：大戰爆發

一九三九年九月一日，德國未經宣戰便直接攻入波蘭，英、法立刻發表強硬聲明，要求德軍馬上撤出，大家坐下來好好商討波蘭局勢，否則戰爭將不可避免，但是，這個要求被希特勒拒絕了。

九月三日，英、法向德國宣戰。

德國進攻波蘭，當然不是心血來潮，讓我們把時間往回調一年多，從一九三八年三月，德國併吞奧國開始講起。

在一戰之後，奧國變成一個只有六百萬人左右的小共和國，德國對其垂涎已久，之前也有過一些並不成熟的舉動，直到一九三八年三月，在奧國納粹裡應外合之下，德軍輕易占領了奧國，宣布德、奧合併，拿下了多瑙河交通的要衝地帶，並孤立了捷克。

此時英國的首相為時年六十九歲的張伯倫（一八六九～一九四〇年），他對德國採取姑息政策，希望能夠以外交方式安撫德國。

後世普遍都認為姑息政策只是助長了希特勒的氣焰，反而推動了大戰的爆發，張伯倫也因此備受批評，甚至掩蓋了他執政時期的其他貢獻——其實，英國能夠有足夠的軍備應付二戰，以及戰後能夠逐漸走上福利國家的道路，擁有相當完善的社會福利制度，基本上都是張伯倫的功勞。

希特勒在輕取奧國之後，立即計畫要對捷克下手，而且沒多久便決定要訴諸武力。西方國家不是不知道希特勒的打算，但是都不敢強硬，深恐會惹惱了希特勒（當然，如前所述，這種姑息政策後來遭致很大的批評）。

總之，出於安撫希特勒的目的，這年九月底，德、義、英、法四國舉行了「慕尼黑會議」，捷克與蘇聯都未獲邀請。這個會議是希特勒的一大勝利，因為按會

《慕尼黑協議》簽定後，英國首相張伯倫在機場展示合約，認為為世界帶來了和平。

議協定（《慕尼黑協議》），德國可以堂而皇之進軍捷克斯洛伐克境內、鄰近德國的「蘇臺德地區」。

然而，《慕尼黑協議》不僅不能阻止希特勒的侵略，反而還鼓勵了他的作為。在「慕尼黑會議」後，捷克備受威脅，翌年（一九三九年）三月，斯洛伐克發生獨立運動，捷克總統赴柏林求援，結果，不僅沒有獲得援助，還被脅迫必須要求德國「保護」捷克，當天德軍就占領了捷克的首都布拉格。

德國的擴張，讓蘇聯感到非常的不安。實際上，在德國併吞奧國以後，蘇聯就已建議召開國際會議，討論一旦有什麼國家受到德國的威脅時，大家應如何採取集體行動，但是沒有得到西方國家的響應。「慕尼黑會議」不顧蘇聯明明在東歐有重大利益的事實，卻還是沒有邀請蘇聯參加，更是讓蘇聯非常擔心自己會被西方國家所孤立。

那些西方國家會不會聯手來對付自己呢？就在蘇聯

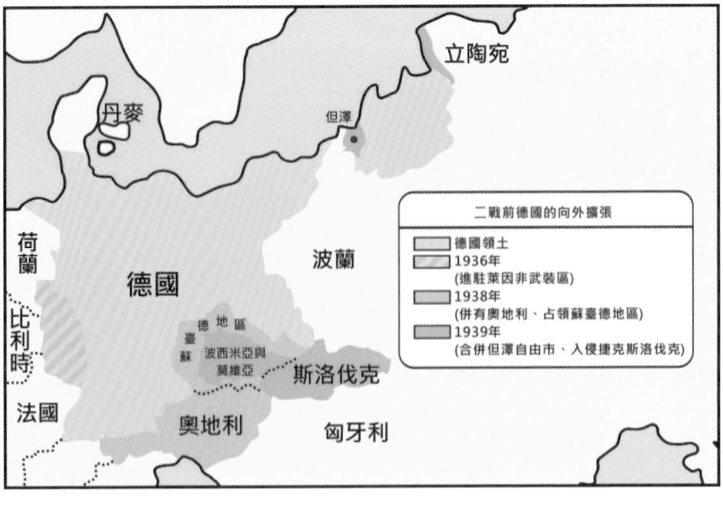

憂心忡忡的時候，希特勒拿下了布拉格、以及緊接著又迫使立陶宛割讓土地之舉，終於讓西方國家醒悟過來，意識到與希特勒恐怕是永遠無法和談的。一九三九年三月底，張伯倫在下議院宣布放棄姑息政策，並表示如果接下來波蘭的獨立受到威脅時，英、法應該予以援助。

因為就在十天前，德國已經通知波蘭政府，德國必須取得在一戰後成立的但澤自由市，同時，波蘭必須善待境內所有日耳曼（德國）人。

四月初，墨索里尼征服阿爾巴尼亞，法西斯勢力再次彰顯了野心。

英國宣布不再對德國進行安撫，當然令希特勒很是生氣，就在張伯倫在下議院發表放棄姑息政策的重要聲明之後一個月，希特勒宣布廢除兩個協定：一，一九三四年的《德波互不侵犯協定》；二，一九三五年的《英德海軍協定》。

差不多與此同時，英國開始採取徵兵制度；在沒有戰事的時候採取徵兵制，是非常罕見的，也就是說，英國等於已經開始備戰。

現在，蘇聯的地位就突然變得非常重要，因為這個時候的局勢，無論是英、法或是德國，都赫然發覺，為求安穩，就一定要趕快拉攏蘇聯不可。

在這年（一九三九年）的春夏之交，英、法等西方國家，開始致力於想要與蘇聯組成所謂「大同盟」，可或許是雙方的互信基礎不夠、期望值也不一樣，談判進行得並不順利，蘇聯甚至懷疑這些西方國家的誠意不單純，遂在五月間，乾脆推進與德國的祕密談判。

八月下旬，蘇聯與德國簽定了協定，內容很簡單，就是保證雙方互不侵犯，雙方如果有爭論，將以仲裁方式來解決，同時，當一方與第三方發生戰爭時，另一方要保持中立。這份協定的有效期為十年，稱為《德蘇互不侵犯條約》。

不過，這些內容只是在雙方簽字後就立刻向世人公布的部分，實際上還有一份祕密協定，那就是蘇聯與德國在協定中，還私下對東歐進行了安排（應該說「瓜分」）。

而在與蘇聯簽定協定前三個月左右，德國已經與義大利締約，所以在與蘇聯取得默契之後，德國就不必擔心東邊了。

希特勒原本希望與蘇聯定約之後，能夠給英、法壓力，讓他們自然而然放棄對於保護波蘭的那番保證，可是，情勢的發展卻不如他所料。德國與蘇聯訂立協定的消息一公布，張伯倫就立即致函希特勒，表明英國將不惜一戰的決心。

八月下旬，就在德國與蘇聯定約兩天以後，英國與波蘭

1939 年 8 月，德國與蘇聯簽定《德蘇互不侵犯條約》。當時的蘇聯總書記史達林，也於後排觀看簽約過程，見證協議達成。

簽定了互助協定，協定內容是雙方共同防衛波蘭免受「歐洲強國」的侵略，這個「歐洲強國」，指的自然就是德國。

不過，這份協定以及張伯倫的信函，並沒能讓希特勒卻步，英國與波蘭的互助協定簽約僅僅一個禮拜左右，九月一日，德國就攻入了波蘭。

◆一九四〇年：德國勢如破竹

德國以一種勢如破竹之勢橫掃、攻進了波蘭，僅僅過了一個月左右、至十月五日，戰事即告結束，雙方傷亡的差距很大；波軍六萬六千人陣亡、二十一萬人受傷、六十九萬四千人被俘，而德軍的傷亡數字僅僅只有三萬多人。

這就是極為著名的「閃電戰」，後來以一種成功的全新戰術，被記載在世界軍事史上。

「閃電戰」的理論是由德國軍事家古德里安（一八八八～一九五四年）所創，他被歷史學家稱為「閃電戰之父」，同

德國士兵拆除波蘭邊界的過境界線，正式入侵波蘭。

時也被譽為「德國裝甲兵之父」，因為他是裝甲戰、坦克戰的倡導者，在二戰爆發之前，就已經建立起一支當時最具作戰效率的裝甲部隊。

由於古德里安對德意志第三帝國的重大貢獻，他還擁有「帝國之鷹」的美譽，也與曼施坦因（一八八七～一九七三年）、隆美爾（一八九一～一九四四年），被後世稱為二戰期間「德國三大名將」。

所謂「閃電戰」，簡單來講，就是在空軍近距離的掩護下，使陸軍快速移動的機械部隊能夠發揮極大的戰力，核心元素是「速度、奇襲和集中」。

德國的「閃電戰」，最早便是運用在進攻波蘭，攻勢凌厲，無往不利。繼征服波蘭之後，接下來，德軍在一天之內征服丹麥，二十三天之內征服挪威，五天之內征服荷蘭，十八天之內征服比利時，三十九天之內征服原本號稱擁有歐洲最強陸軍的法國……真是戰果輝煌。

五月八日，英國首相張伯倫向國王提出辭呈，並建議由時年六十六歲的邱吉

德國軍事家古德里安，被譽為「閃電戰之父」。

爾（一八七四～一九六五年）組閣。同年十一月初，張伯倫病逝。

五月十三日，邱吉爾首次以首相身分出席下議院會議，發表了著名的演講，他說：「我沒有別的，只有熱血、辛勞、淚水和汗水奉獻給大家。如果你們問，我們的目的是什麼？我可以用一個強而有力的詞來答覆，那就是『勝利』！我們要不惜一切代價去爭取勝利……因為，沒有勝利就無法生存！」

下議院最終以三百八十一票對零票的絕對優勢，表明了對邱吉爾的支持。

上任之後，邱吉爾首先訪問法國，非常驚訝的得知法國即將投降。

在德軍於五月入侵法國以後，當時法國由曾經在一戰中頗多貢獻的貝當元帥（一八五六～一九五一年）先後任副總理、總理，而就是他，主張對德國投降，退出戰爭。

邱吉爾隨即向法國表明，即使法國被打敗了，英國也仍將繼續戰鬥。

五月二十一日，德軍直撲英吉利海峽（這是分隔英國與歐洲大陸的法國、並且連接大西洋與北海的海峽）。

德軍把近四十萬英法聯軍（對英國來說是遠征軍），圍逼在法國北部的狹小地帶，英法聯軍只剩下敦克爾克這個靠近比利時邊境、僅有一萬名左右居民的小港，可以做為海上退路，可這個小港是一個非常醒目的目標，很容易受到德軍轟炸機和炮火的持續攻擊，情勢十分危急。

邱吉爾下令立刻展開當時歷史上最大規模的軍事撤退行動，代號為「發電機計畫」，英國政府和海軍動員了大批的老百姓，大家紛紛駕駛著私人船隻火速趕往救援。

「發電機計畫」原本計畫要力爭撤離三萬人，結果這支由平民組成的雜牌救援船隊，在如此極端危險的情況之下，竟然於一個禮拜左右，就從敦克爾克救出了三十三萬六千人！比原定目標多出了十一倍以上！

邱吉爾隨後發表了一場後來被視為二戰期間最鼓舞人心的演講：「我們將戰鬥到底！……我們絕不投降！」

「敦克爾克大撤退」標誌著英國將勢力撤出了歐洲大陸，此時西歐除了英國、瑞士和西班牙之外，主要地區都已被德國占領，同時，儘管從敦克爾克成功撤出了這麼多的士兵，為未來同盟國的反攻保存了實力，但也因為英國遠征軍所有的重型裝備，都在撤退時不得已被丟棄在歐陸，導致後來英國本土的地面防衛，出現了嚴重的問題。

很快的，法國戰敗投降，貝當元帥任法國「維琪政府」元首。六月二十二日，貝當元帥與德國簽定投降協定，法蘭西第三共和國覆滅。

與此同時，戴高樂將軍（一八九〇～一九七〇年）和法國共產黨先後發表宣言，號召人民起來一起抵抗入侵者，不要放棄。

擔任元首的貝當，默許總理實行法西斯統治，鎮壓法國所有的愛國力量。

二戰結束後，貝當因叛國罪被最高法院判處死刑，後改判終身監禁，六年後（一九五一年）死於囚禁地。在後世的評價，貝當是一個集民族英雄與叛徒於一身的坎坷人物。

戴高樂則在戰後成立法蘭西第五共和國，並擔任第一任總統（法國至今仍是第五共和國）。

始建於一九六六年、於一九七四年三月初投入使用的巴黎戴高樂機場，就是以戴高樂總統之名來命名。

此外，義大利組建了七十四師、約四十五萬大軍，於六月正式參戰。

二戰時期的戴高樂將軍。

這一年，希特勒計畫入侵英國，爭奪英國的制空權。由於英國發明了雷達，無論是在攻擊或防守上，都發揮了很大的作用，迫使德國一度取消了侵略行動，直到八月下旬，德國對英國的空襲重新開始。

德軍持續轟炸倫敦和其他城市，對平民的生活造成嚴重的影響。而英國則開始組織全面戰爭，包括實行諸多民防措施、物資採取定量配給制，以及開始疏散孩子等等，婦女也從此成為勞動力大軍中的重要角色。

作家龐德（一九二六～二〇一七年），二戰期間在皇家空軍和英國陸軍都服役過，他在新聞紀錄片中看到戰爭期間，車站有很多要離開倫敦的孩子，脖子上都掛個牌子，身邊只有一個小行李箱，裡頭是簡單的隨身物品。這讓龐德的內心很受觸動，就在創作時把這樣的形象用在一隻小熊的身上，這就是後來廣受歡迎的「柏靈頓熊」。

還有大家都很熟悉的《納尼亞傳奇》系列，其構想來源也是和二戰期間孩子被疏散有關。

這年還有兩件大事值得一提：一，在九月下旬，德國、義大利和日本三國外交代表，在柏林簽署《德義日三國同盟條約》，「軸心國」正式成形；二，美國羅斯福總統頂住了國內孤立主義者的反對壓力，表示支持英國，將對同盟國提供更多的物資和經濟援助。

◆一九四一年：戰況持續擴大

一九四一這一年，有很多事我們應該了解。

首先，前面我們提過，納粹對猶太人的迫害，是從一九三三年四月以後漸趨系統化，猶太人不斷退出了各行各業，就連極其傑出的科學家愛因斯坦（一八七九～一九五五年）也因身為猶太裔，而被迫離開工作崗位。很多人只能被迫離開德國，譬如愛因斯坦就是在一九三三年離開了德國，移居美國。

接下來，猶太人的處境愈來愈艱難，八年之後（一九四一年），納粹開始對猶太人執行慘絕人寰的「最終方案」，至一九四五年、二戰結束，估計被謀害的猶太人有六百萬之多！

法國、波蘭、捷克，以及其他被德國占領的國家，紛紛在英國成立了流亡政府，繼續抗爭。

戰況仍在持續擴大，除了軍人，愈來愈多的專業人員也紛紛投入，奉獻自己的心力，譬如英國了不起的數學家、被後世稱為「計算機科學之父」與「人工智能之父」的圖靈（一九一二～一九五四年），就是一個很好的例子。一九四一這年，德國原本被認為是絕對破譯不了的「恩尼格瑪密碼」被英國破解了，其中就有圖靈的貢獻。後來據估計，由於圖靈等人的努力，才使得歐戰得以提前兩年結束。

日本很厲害的「紫色密碼」，也在這一年被盟軍破譯。

這年，德國在海戰部分也有很大的損失，尤其是「U-99號潛艇」與「俾斯麥號」，都在這一年被擊沉。

「U-99號潛艇」在一九三九年三月底下水，是德國最出名的一艘潛水艇，至一九四一年三月中、遭英國皇家海軍驅逐艦「沃克號」擊沉為止，短短兩年之內，就擊沉了近二十五萬噸的盟軍商船，戰力相當可觀。而「俾斯麥號」則是在一九四〇年八月下旬才建成服役，是德國當時噸位最大、技術最先進的戰列艦（是一種能夠執行遠洋作戰任務的大型水面軍艦），沒想到服役僅僅九個月，就被英國皇家「方舟號」航空母艦給擊沉了。

英國最重要的數學家之一，圖靈。根據估計，因他與團隊成功破解了德國的恩尼格瑪密碼，至少讓戰爭提早兩年結束，挽救無數生命。

二戰時，用於破解恩尼格瑪密碼的高級軍用計算機。

這一年，德軍在陸戰上的表現倒還是相當犀利，譬如快速占領了巴爾幹半島，迫使英軍從克里特島撤退；「沙漠之狐」隆美爾帶領德軍抵達北非，增援義大利軍隊等等。這時的隆美爾在北非戰場上，進入其軍事生涯的頂峰，多次以少勝多擊敗英軍，充分顯示他是一個戰術天才。

兩年前（一九三九年），德國與蘇聯簽定互不侵犯條約，其實只是一種手段，不過是為了避免在戰事初啟之際就兩面受敵而已，其實，摧毀共產蘇聯，一直是希特勒的目標。

這年六月二十二日，德國撕毀了那份言不由衷的條約，夥同僕從國匈牙利、羅馬尼亞和芬蘭，一共動員了超過三百萬的軍力，從三個方向以閃電戰的方式對蘇聯發動奇襲，進攻的陣線長達兩千哩，自白海延至黑海，不到一個月就已深入俄境四百五十哩，逼近首都莫斯科。

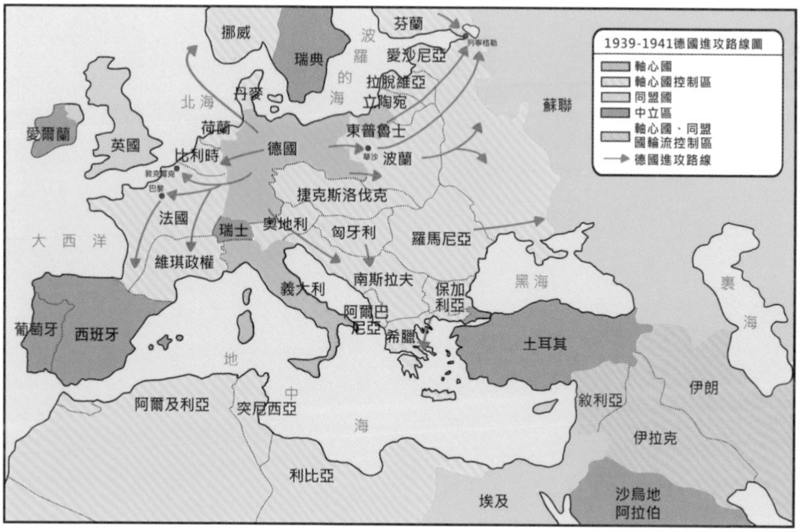

由於事發突然，蘇軍被打得一路潰敗，但蘇聯並未真正崩潰。就在德國進攻才幾個小時以後，邱吉爾便在倫敦廣播，說英國願意與蘇聯結盟，並且在七月中簽定了互助條約（一年後又成為有效期達二十年的英蘇同盟）；十一月，美國總統羅斯福的顧問在訪問莫斯科之後，美國亦同意將以物資援助蘇聯；而在德國展開奇襲的前兩個月，蘇聯也剛剛與日本簽定了互不侵犯條約。另外，蘇聯採取**焦土政策**，以空間換取時間，拖長德國的補給線，並且不時就以空襲及突擊的方式來困擾德軍。

這些都有利於蘇聯，不過，最後真正幫了大忙的還是蘇聯自己的「冬將軍」。在十月和十一月間，德軍積極進攻莫斯科，到十二月間已推進至城郊，可是還沒等到德軍攻下莫斯科，冬季就先來臨了，德軍的補給（包括士兵的禦寒之物）變得非常困難，因此原本計畫好要對莫斯科展開的大攻擊遂陷入停頓。

莫斯科就這樣獲救了（關於這場戰爭，我們留待下一小節再繼續講述）。

在這一年的十二月以前，美國對於反軸心國的國家雖然已大力支持，甚至這年四月在格陵蘭建立基地，等於是為英國分擔了很多在大西洋的防衛，與德國也是處於一種沒有公開宣布的海戰狀態，但無論如何，美國終究還沒有參戰。

焦土政策——焦土政策是一種軍事戰略，意思是指在撤出某處之前，先破壞一切可能會對敵人有用的東西。

後來美國之所以會加入二戰，是因為太平洋戰役。

一九三七年中日戰爭正式爆發以後，儘管中國並未屈服，但日本已經以「亞洲之光」自居，號召東亞「共榮圈」和「亞洲人的亞洲」，這就與那些在亞洲擁有利益的西方國家（以英、法、荷為主）產生了衝突，只是此時西方國家都因大戰自顧不暇，幾乎可以說是放任了日本在亞洲的擴張，只有美國對日本做出了某種程度的制裁，譬如在一九四〇年七月和九月，美國兩度禁止日本所需要的廢鐵輸入。

德國突然攻打蘇聯頗令日本吃驚，可他們一方面拒絕了德國希望合作、夾攻蘇聯的要求（理由是他們相信德國可以獨力擊敗蘇聯），另一方面還坐收漁翁之利，趁機輕取了蘇聯在遠東屬地。可是，當七月他們占領南越之後（前一年九月已占領北越），美國政府凍結了日本在美國的資產，英國和荷蘭也相繼對日本採取同樣的制裁措施，後來這些西方國家又對輸往日本的石油進行管制。

往莫斯科進攻的德國軍隊，以閃電戰在對戰初期取得優勢。

擺在日本眼前的只有兩條路，要麼是向美國妥協，停止在亞洲的擴張，要麼就是與美國為敵，俾能繼續侵略東南亞。

日本選擇了第二條路，於是，十二月七日清晨，日本偷襲了美國在珍珠港的海軍基地。

位於太平洋上的珍珠港，是夏威夷群島的一部分，是交通的主要樞紐，日本認為唯有先摧毀珍珠港、奪取了太平洋上的制空和制海權，才能確保他們南下侵略東南亞的道路暢通無阻。

這天，美國太平洋艦隊損失慘重，人員傷亡也很慘烈（陣亡兩千多人、傷者一千多人），日軍則陣亡約兩百人。羅斯福總統將這天稱為「國恥日」。

第二天，美國國會立即通過對日本宣戰。

緊接著，各國在英國的流亡政府也都向日本宣戰。三天後，德國和義大利向美國宣戰……半年之內，所有拉丁美洲國家（阿根廷和智利除外）都向軸心國宣戰或

日本偷襲美國在珍珠港的軍事基地，史稱「珍珠港事件」。美國隨後對日宣戰。

羅斯福總統簽屬對日宣戰書，美國正式加入二戰。

斷交，二戰的規模遂達到最大化。

只有蘇聯仍對日本保持中立，直到大戰末期。

一九四二至一九四三年：局勢扭轉

一九四二年十一月至一九四三年三月間，是二戰戰局發展的分水嶺，其中好幾個重大事件，包括英、美聯合在北非登陸，英國在利比亞（位於北非）的勝利，日本在太平洋的攻勢受阻，德軍在蘇聯史達林格勒的潰敗，都發生在這個時期。尤其是德軍在蘇聯的失利，更可說是二戰的轉捩點。

一九四二年一月一日，美國、英國、中國、加拿大、澳大利亞、哥斯達黎加等二十六國，在美國華盛頓發表《聯合國家共同宣言》，表示贊成《大西洋憲章》，決心要共同打敗德、義、日法西斯的侵略，絕不和敵國單獨議和。

《大西洋憲章》是在此五個月以前，羅斯福與邱吉爾首次會晤後所發表的，內容包括「美、英不要求領土擴張，亦不希望看到其

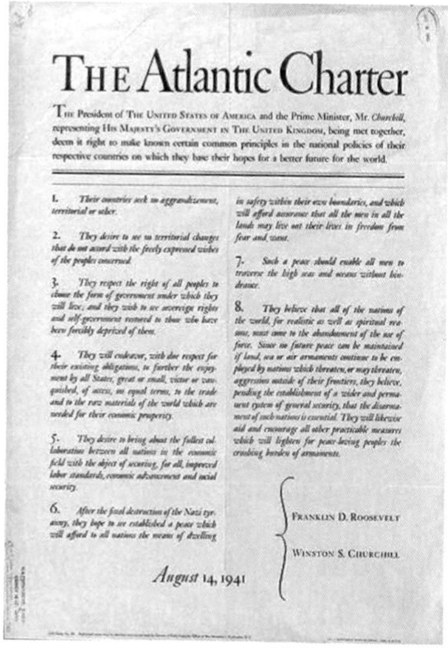

THE Atlantic Charter

THE President of THE UNITED STATES OF AMERICA and the Prime Minister, Mr. *Churchill*, representing HIS MAJESTY'S GOVERNMENT IN THE UNITED KINGDOM, being met together, deem it right to make known certain common principles in the national policies of their respective countries on which they base their hopes for a better future for the world.

1. *Their countries seek no aggrandizement, territorial or other.*

2. *They desire to see no territorial changes that do not accord with the freely expressed wishes of the peoples concerned.*

3. *They respect the right of all peoples to choose the form of government under which they will live; and they wish to see sovereign rights and self-government restored to those who have been forcibly deprived of them.*

4. *They will endeavor, with due respect for their existing obligations, to further the enjoyment by all States, great or small, victor or vanquished, of access, on equal terms, to the trade and to the raw materials of the world which are needed for their economic prosperity.*

5. *They desire to bring about the fullest collaboration between all nations in the economic field with the object of securing, for all, improved labor standards, economic advancement and social security.*

6. *After the final destruction of the Nazi tyranny, they hope to see established a peace which will afford to all nations the means of dwelling in safety within their own boundaries, and which will afford assurance that all the men in all the lands may live out their lives in freedom from fear and want.*

7. *Such a peace should enable all men to traverse the high seas and oceans without hindrance.*

8. *They believe that all of the nations of the world, for realistic as well as spiritual reasons, must come to the abandonment of the use of force. Since no future peace can be maintained if land, sea or air armaments continue to be employed by nations which threaten, or may threaten, aggression outside of their frontiers, they believe, pending the establishment of a wider and permanent system of general security, that the disarmament of such nations is essential. They will likewise aid and encourage all other practicable measures which will lighten for peace-loving peoples the crushing burden of armaments.*

FRANKLIN D. ROOSEVELT
WINSTON S. CHURCHILL

August 14, 1941

《大西洋憲章》的複本，內含 8 項條文。

他國家領土擴張」、「擴大國際經濟合作」、「維護公海自由」、「達成戰後安全」等幾個要點。

《聯合國家共同宣言》標誌著反法西斯陣線的最終形成，增強了反法西斯國家的力量，也加速推進了反法西斯陣營的勝利。

不過，由於羅斯福與邱吉爾就主要戰略達成的協議，是要充分發揮美國的人力與物力先擊敗德國，也就是說把太平洋戰區視為次要，這一點當時很難為美國大眾所接受，因為在美國人的心目中，日本才是他們的主要敵人啊。

美國參戰以後，美國的工業能力自然就對「聯合國」（盟國）有很大的幫助，比方說，空軍在二戰中非常重要，一九三九年時，美國每年僅能生產數百架飛機，到了一九四一年時，則每年能生產兩千四百架應英國急需，一九四二年底以前，美國每月可以生產五千多架飛機，至大戰末期、一九四四年時更是驚人，月產可達九千架，給德國空軍造成極大的壓力，對盟國來說，德國空軍從此不再是威脅。

在海戰軍備方面，也是美國對盟國的貢獻最大。美國用大量生產和零件標準化的方式來造船，速度奇快無比，一艘本來需要三十週才能完成的運輸船，美國只用七週就可以完成。

此外，婦女也加入了勞動力大軍。

一九四二年五月，由於此時德蘇戰爭還未結束，蘇聯外長訪問倫敦與華盛頓，希望盟軍能在歐洲開闢第二戰線，來減輕蘇聯所承受的壓力。美國表示，如果在歐洲開闢第二戰線，勢必就將因此影響輸送俄國的物資，不過仍答應在這年年底以前考慮此事。

後來，在這年年底，盟軍完成了在西非與北非的登陸，但尚未真正在歐洲開闢第二戰線。

四月，美國飛機自航空母艦「大黃蜂號」起飛，轟炸東京。

五月四日至八日發生了「珊瑚海海戰」，美、日航空母艦編隊在珊瑚海海域突然遭遇，雙方立即交戰。這是戰爭史上第一次，航母編隊在遠距離以艦載機形式進行交戰，雙方軍艦都沒有碰面。結果是日本在戰術上獲得小勝，但沒能達成預定目標，是日本海軍在太平洋第一次受挫。

在「珊瑚海海戰」之後僅僅一個月，日本便將位於太平洋中部的中途島，定為下一個攻擊目標，這不僅能報復美國空襲東京的行為（日本研判空襲東京的飛機就是從中途島起飛），還能就此打開夏威夷群島的大門。

「中途島戰役」發生在六月四日至七日，這是二戰中相當重要的戰役。美國的情報單位表現得可圈可點，事先就掌握了日軍的動向，然後美國海軍又以少勝多，以損失一艘航空母艦「約克鎮號」為代價，擊沉了日本「飛龍」、「蒼龍」、「赤城」、「加賀」四艘重型主力航空母艦，擊退日本海軍對中途島環礁的攻擊，從而使太平洋戰場的形勢發生扭轉，美國拿到了主動權。

現在讓我們再來看看德蘇戰爭。

這場戰爭著實非常慘烈，德軍從一九四一年九月（在「冬將軍」還沒來之前），就在列寧格勒附近展開長期包圍，一圍就是五個月。在這段期間，列寧格勒至少餓死了一百萬人，最嚴重的時候，每天至少都會有四千人死亡，可列寧格勒還是始終都沒有被德軍給攻下。

從一九四二年七月十七日開始，一直到翌年（一九四三年）二月二日，德軍由於北路及中路的攻勢都陷停頓，遂決定要集中所有的力量，改對南部城市——史達林格勒，展開攻擊。

史達林格勒是蘇聯從中央地區，通往南方重要經濟區域的交通咽喉，戰略位置非常重要，在史達林格勒以西和以南，是蘇聯糧食、煤炭和石油的主要產區，如果德軍能夠攻下史達林格勒，就可以截斷蘇聯所需要的戰爭物資，還可以向北進攻莫斯科，或者至少也可以孤立莫斯科與列寧格勒，向南又可以出波斯灣，而在埃及與隆美爾率領的非洲軍團取得聯繫。

此時，德軍已經征服了蘇聯三分之一的人口、三分之一的化學工業，以及二分之一的煤與電力，如果能攻下史達林格勒，德蘇戰爭應該就可以結束了。

七月十七日，德軍集中一百五十多萬的兵力，以及大批的飛機和坦克，向史達林格勒發起猛烈的攻擊，但俄國守軍拼死抵抗，雙方曾經發生多次激烈的巷戰，德軍始終無法完全占領這座城市，反而消耗了自己大量的兵力。等到冬天來臨，在「冬將軍」再度幫忙之下，德軍經過一整個冬天的艱苦戰鬥，至一九四三年一月，已至少折損了三十萬人。

當春天到來的時候，德軍已經處於守勢，俄軍反而不斷推進，自此從芬蘭至東普魯士，經過波蘭、匈牙利、羅馬尼亞等國，至

史達林格勒會戰中的德國士兵。

一九四五年春天，已經迫近柏林。

這場「史達林格勒會戰」是二戰東部戰線非常重要的轉折點，是納粹德國所遭遇的最嚴重的失敗，儘管並沒有使德軍完全失掉主動權，至少也結束了德國自開戰以來一直保持的攻勢。在「史達林格勒會戰」之後，德國曾經又發動了戰役，想要奪回戰場的主動權，但是沒有成功。

這場會戰也是近代史上最為血腥的一場戰役，雙方傷亡加起來估計至少在兩百萬人以上，而且其中還有不少平民受害。

「史達林格勒會戰」與同一時期發生在太平洋戰區的「瓜島戰役」，以及發生在北非的「阿拉曼戰役」，是同盟國進入反攻階段的開始。

「瓜島戰役」發生在一九四二年八月初至一九四三年二月初。「瓜島」是瓜達卡納島的簡稱，位於南太平洋索羅門群島東南端，是群島中最大和最主要的島嶼。

稍早，當日本在六月的「中途島戰役」慘敗以後，儘管失去了戰略的主動權，被迫放棄或推遲了對斐濟、薩摩亞等地的軍事行動，但日本並沒有放棄對這些南太平洋諸島的進攻計畫，因此打算要先在瓜島修建航空基地，日後在**新幾內亞島**

新幾內亞島——新幾內亞島是太平洋第一大島嶼，也是世界第二大島嶼，僅次於格陵蘭島，屬於馬來群島東部島嶼，與澳大利亞大陸的東北部相望。

站穩腳跟之後，再向東南逐步推進，進逼同盟國在南太平洋上的重要基地、也就是澳大利亞，然後以此重新奪回戰略的主動權。

其實，美軍對於「瓜島戰役」的準備時間只有一個月左右，非常緊迫。由於瓜島名不見經傳，一開始很多人連它到底在哪裡都搞不清楚，還有人說好像在**傑克·倫敦**（一八七六～一九一六年）的書裡看到過，後來有人終於找來一張九十年前的海圖，還有幾張傳教士所拍攝的舊照片，總算弄明白了瓜島的位置。

七月底，在海戰開始前所舉行的臨戰演習中，美軍表現得很不好，當時還有將領自我解嘲說：「沒關係，按照好萊塢的慣例，凡是糟糕的彩排，實際上都預示著正式演出將非常成功。」

結果，非常幸運，同盟國在「瓜島戰役」中果然打了勝仗，保護了美國、澳大利亞和紐西蘭之間的運輸航線。這是盟軍在太平洋反攻的開始。

「阿拉曼戰役」則發生在一九四二年十月下旬至十一月初。

這年夏天，德國名將隆美爾所率領的德義聯軍，逼近埃及阿拉曼，開羅告急。十月下旬，以英軍為首的盟軍在英國蒙哥馬利將軍（一八八七～一九七六年）的指揮下，在阿拉曼一帶發動反攻。

蒙哥馬利將軍也是一位二戰期間的名將，以成功掩護敦克爾克大撤退而聞名

傑克·倫敦——

傑克·倫敦是一位美國現實主義作家，以《白牙》、《野性的呼喚》等作品為大眾所熟悉。早年他因為家貧，曾四處流浪，長大以後又頗愛冒險，曾經到過索羅門群島等地，並把經歷寫在書裡。

於世，由他指揮的「阿拉曼戰役」，以及之後的「西西里登陸」、「諾曼第登陸」，為其軍事生涯的三大傑作。

「阿拉曼戰役」的結果，盟軍獲勝，德義聯軍損失慘重，倉皇西逃，北非戰場的形勢由此產重大的轉變，不僅終結了德國非洲裝甲軍團的攻勢，也粉粹了德國和義大利想要占領埃及、控制蘇伊士運河，進而占有中東的企圖。中東的戰略資源豐富，若一旦成為軸心國的勢力範圍，必定會對同盟國相當不利。

翌年四月，北非的德義聯軍投降。七月，美英聯軍在義大利的西西里島登陸，義大利發生政變，墨索里尼垮臺；九月，義大利投降，法西斯軸心國集團開始瓦解。

墨索里尼垮臺後隨即被祕密關押，過了一段時間被希特勒救出以後，便建立了一個聽命於希特勒的傀儡政府。兩年後，墨索里尼在逃亡途中被游擊隊俘虜，遭到槍決，時年六十二歲。他的屍體隨後被運到米蘭，並被倒吊在羅雷托廣場一個加油站頂上示眾。

一九四三年有幾場重要的會議，我們也應該了解一下。

一月，羅斯福與邱吉爾在卡薩布蘭加會談時，決定盟軍應戰至德、義、日「無條件投降」為止。邱吉爾後來向英國國會解釋，所謂「無條件投降」，是指在停戰以前沒有討價還價的餘地，並不是說要以野蠻方式來對付軸心國。

這年接近年底、十一月的時候，有兩場重要的會議，一個是十一月二十二日至二十六日，由中、美、英三國首腦，分別是中國戰區最高統帥蔣介石（一八八七～一九七五年）以及羅斯福、邱吉爾，在埃及首都開羅會晤，簽署了《開羅宣言》，聲明全世界反法西斯同盟國將堅持對日本作戰；另一個是十一月二十八日至十二月一日，蘇、美、英三國首腦，分別是史達林、羅斯福、邱吉爾，在伊朗首都德黑蘭舉行會議，會中通過了三國首腦在對德國作戰中將採取一致行動，還有戰後要加強合作的宣言，同時，會中也決定要在歐洲開闢第二戰場，希望藉此能夠盡快打敗納粹德國，這個計畫的代號叫做「霸王計畫」。

二戰接近尾聲時，蔣介石、羅斯福與邱吉爾（由左至右），三人簽署了《開羅宣言》，協議加強對日本的作戰。

一九四四年：盟軍反攻

一九四四年，各地盟軍都開始紛紛展開反攻。當然，並不是所有的行動都能取得成功，比方說，發生在這年八月、為期兩個月的「華沙起義」，就是以失敗收場。這是波蘭地下軍起義反抗德軍的一次壯烈行動，五萬地下軍採用游擊戰術，對抗兩萬五千名德軍，整個行動在波蘭方面，大約有一萬八千名士兵和超過二十五萬平民死亡，還有兩萬五千人受傷，德軍方面則有一萬七千人死亡、九千人受傷。

當戰鬥結束、地下軍投降後，希特勒下令將波蘭首都華沙夷為平地，結果百分之八十五的地方都遭到破壞。

但在歐洲開闢第二戰場的「霸王計畫」很成功，也就是發生在六月六日、著名的「登陸諾曼第」。負責執行這一任務的盟軍最高統帥，為美軍將領艾森豪（一八九〇～一九六九年），他就是因為指揮這場戰役非常成功，後來晉升為五星上將（在一九五三至一九六一年，艾森豪還擔任過美國總統）。

不過，在講述「登陸諾曼第」之前，我們應該先了解一下發生在這年上半年、從一月持續至五月的「登陸安濟奧」。

盟軍為了占領羅馬、切斷德軍主要的交通線，並且從德軍的後方迂迴進攻，在義大利西海岸的安濟奧進行了登陸作戰，一共有六萬八千多名盟軍，相當輕易就上岸了，當地並沒有什麼德軍防守。然而接下來，因盟軍指揮部過於謹慎，沒有立即揮軍深入，按計畫向阿爾本山推進、從側後方去突擊德軍的防線，而是命令登陸部隊就這麼固守在灘頭，結果反而給德軍提供了時間，德軍火速重新加強防線的兵力，並搶先占領了盟軍登陸灘頭周圍，包括阿爾本山在內，所有有利的陣地，然後對盟軍展開反擊，隨後雙方陷入對峙。

經過將近五個月的苦戰，盟軍終於突破了德軍的防線，占領了羅馬，迫使德軍撤至北部的新防線，算是基本實現了最初所定的目標，但就因剛剛登陸時的猶豫不決，造成很多無謂的損失。

這次「登陸安濟奧」的行動，最堅決的倡議者是邱吉爾，因為盟軍為了「登陸諾曼第」準備了近半年之久，邱吉爾一方面不希望看到盟軍在地中海戰區擁有重兵卻無所作為，「登陸安濟奧」大有練兵之意，另一方面，邱吉爾也希望藉著這麼一場登陸戰來吸引德軍的注意力，牽制和分散德軍在法國的兵力，這無形之中也是在為即將到來的「登陸諾曼第」創造有利的條件，至少德軍會因為不相信盟軍能在短期之內，再次組織登陸戰，而多少有些鬆懈。

結果，就在「登陸安濟奧」結束之後第二個月，「登陸諾曼第」行動就上場了。

諾曼第在法國西北部，在登陸之前，盟軍大搞情報戰，讓德軍誤以為登陸的地點是在加來（加來距離德國本土比較近），而攻擊日原本定在六月五日，後來因氣候狀況改為六日。

這是目前為止，世界上規模最大的一次海上登陸作戰行動，將近三百萬士兵在六日清晨，渡過英吉利海峽前往法國諾曼第，以英、美兩國軍隊為主力的盟軍先頭部隊，總計十七萬六千人，在空投部隊著陸後，搶灘登陸諾曼第；美軍曾在行動中，於奧馬哈海灘遭遇到猛烈的襲擊。在攻擊日結束之前，盟軍攻下了五處海灘，建立起灘頭陣地。

在攻擊日後一週之內，已經有三十萬以上的盟軍在諾曼第灘頭登陸，至八月中旬則已超過兩百萬大軍，成功開闢了歐陸的第二戰場。

由美國將領巴頓（一八八五～一九四五年）指揮的第三軍團，率先沿著塞納河，橫掃德軍。

兩個多月以後，盟軍又在法國南部登陸，攻取土倫與馬賽，進向隆河。對於盟軍的到來，法國人自然是歡欣鼓舞，儘管盟軍一路還是不時會遭遇到德軍頑強的抵抗，但到了八月二十五日，還是成功光復了巴黎。

在太平洋戰區，美軍為收復被日軍占領的亞洲與太平洋地區島嶼，首創「跳島戰術」，亦稱「跳蛙戰術」。

以海戰來說，就是與其試圖去攻占日軍防守最嚴密的那些島嶼，不如先繞開、不管它們，改以其他目標進行攻擊，而隨著戰線的推進，那些原本很難攻下、其實原本也是比較重要的日軍陣地，就會自動失去它

盟軍士兵登陸諾曼第。

們原本具有的戰略價值。

「跳島戰術」的構想非常新穎，跳脫了傳統的思維方式，大幅提升了盟軍在太平洋戰區收復的進度與成效。

美軍海陸並進，陸軍由麥克阿瑟（一八八〇～一九六四年）上將所統帥，海軍由太平洋艦隊總司令尼米茲（一八八五～一九六六年）上將所指揮，在這年（一九四四年）上半年，兩條戰線都已迅速接近日本，頗有一番銳不可當之勢。六月份有一場重要的海戰，就是「馬里亞納海戰」（或稱「菲律賓海海戰」）。六月十九日至二十日，美、日在馬里亞納群島附近交戰，這是史上最大的一次航空母艦決戰，結果是日軍慘敗，不僅無法救援馬里亞納的守軍，還損失了三艘航空母艦和六百架飛機。

在德國本土，悄悄彌漫著一股不滿的情緒，一群反對納粹的德國軍官正企圖推翻希特勒的統治。七月二十日，他們在東普魯士前線的基地，拉斯滕堡的會議室桌下，預置了炸彈，想要暗殺希特勒，然而事敗，希特勒及重要幹部都未遇害。

「蓋世太保」立刻展開調查和整肅，據說大約有五千人被殺，就連名將隆美爾也受牽連，被勒令自盡，他在一輛卡車上服毒，時年五十三歲。

尼米茲——尼米茲是美國歷史上重要的軍事領袖。在尼米茲去世後，美國為了紀念他，便將建造的第一艘、也是當時最先進的航母，以他的名字命名為「尼米茲級核動力航母」。

十月二十日，美軍登陸菲律賓雷伊泰島，二十三日至二十六日，美、日在菲律賓群島海域為爭奪雷伊泰灣，而發生「雷伊泰灣海戰」。

在海戰爆發前夕，剛剛就任日本第一航空艦隊司令的大西瀧治郎（一八九一～一九四五年）中將，匆匆趕到菲律賓。大西瀧治郎是軍國主義分子山本五十六（一八八四～一九四三年）的心腹，也是策畫「偷襲珍珠港」的核心人物之一。

大西瀧治郎看到第五基地航空部隊，可以投入戰鬥的飛機還不到一百架，而且普遍都性能不佳，飛行員的技術又都不夠，便組織了一支由「**零式戰鬥機**」編成的敢死攻擊部隊，每架帶上兩百五十公斤的炸藥，然後俯衝攻擊美國航母，想要以犧牲一人一機的代價，來換一艘敵人的航母。

這就是所謂的「神風特攻隊」，二十四名軍校尚未畢業的學生飛行員，組成了第一支隊伍，他們組成四個分隊，其中隊名包含「朝陽」、「櫻花山」等，都是取材自日本古典文學作品。

後來至戰爭結束，「神風特攻隊」大約出動了近一千三百架飛機，成功率則在百分之五左右。

日本在雷伊泰灣海戰中組成的「神風特攻隊」，由飛行員駕駛戰鬥機衝向美國的航空母艦。

翌年，在日本宣布投降的第二天，大西瀧治郎就切腹自殺了。

在歐戰方面，這年十二月中旬，希特勒下令進行一次大反攻，戰鬥持續至翌年一月，德軍戰敗。

此時德國的物資已經嚴重匱乏，東線戰場的坦克都改用瓦斯推動來節省汽油，炮彈中則有四分之三都是石沙。

一九四五年：戰爭結束

這年，二戰終於結束了，歐戰在春天先告結束，亞洲戰區則在夏天也畫下句點。

在整個戰爭期間，德國在轟炸中大約炸死了六萬名英國人，但英、美空軍炸死的德國人則至少三十萬人（還有五十萬人的說法），而且其中很多都是平民，也就是說，盟軍進行過多次針對平民的大規模轟炸，這一點一直廣受批評。

德國很多著名的城市，譬如柏林、德勒斯登等等，在戰爭期間都遭到轟炸，不少城市還挨轟了不止一次；首都柏林就被轟炸了好幾次。

第一個轟炸柏林的是法國，那是在戰爭初期、一九四〇年六月三日，德國為

零式戰鬥機——「零式戰鬥機」是日本產量最大的戰鬥機，是一種單座、單發、平直活塞式艦載戰鬥機，在二戰初期相當活躍，隨後就慢慢被其他性能更優越的戰機所取代。

了徹底摧毀法國空中的力量，派出一千多架戰機空襲法國首都巴黎及周邊地區，結果法國的機場和戰機不但沒有被摧毀多少，反倒炸死、炸傷了數百名平民，法國群情激憤，一致要求軍方展開報復行動。

四天之後，地勤人員一大早就開始為「儒勒・凡爾納號」加油，並為它掛裝了八枚兩百七十六公斤的炸彈，以及十二枚燃燒彈。這架飛機是以法國在十九世紀的著名科幻小說作家，儒勒・凡爾納（一八二八～一九〇五年）的名字來命名的。

當天下午，飛行員駕駛著「儒勒・凡爾納號」出發，經過數小時的飛行，在夜間飛到柏林上空，然後借助夜幕的掩護，轟炸此行目標——德國西門子工廠。

雖然這次的行動是成功了，不過，其中的象徵意義遠遠大於實質意義。事後，德國對外只是編造了一個防空演習的謊言，就把這件事給矇混過去了。

十幾天後，法國淪陷，法國地下軍組織為了避免「儒勒・凡爾納號」落入德軍之手，便將它焚毀。

兩個月後，英國也轟炸了柏林。接下來，盟軍在拿下義大利之後，便不斷對德國本土實施戰略轟炸，目的是想要打擊德國人的士氣，並且摧毀德國的軍事工業。

一九四五年二月三日，美軍出動了近千架 B-17 轟炸機，對柏林進行狂轟濫炸，這是美國空軍史上最大的一次轟炸行動。投彈手從高空進行精確投彈，命中率很高，柏林幾乎成了一片廢墟，百分之八十以上的建築全毀，百姓流離失所。

德國大勢已去，大轟炸隔天，盟軍即舉行「雅爾達會議」，決定要分區占領德國。

三月一日，蘇軍渡奧得河（這是德國與波蘭的邊界線）；三月七日，美英聯軍攻過萊茵河（這是德國最長的河流，流域面積占德國總面積的百分之四十）；到了四月二十五日，美、蘇兩國的先遣部隊相會於易北河一座殘缺的橋上（易北河是中歐主要航運水道之一，流域有三分之二流經德國）。

四月三十日，希特勒在其柏林空襲掩護所「元首堡」自殺，時年五十六歲。緊接著，經過激烈的巷戰，蘇軍在五月二日攻下了柏林；五月七日，德方在艾森豪總部簽署了降書。

歐戰至此結束，德國領土隨即由美、蘇、英、法四國所占領。

現在我們來看看亞洲戰區。

在這年二月十九日至三月二十六日，美、日發生「硫磺島戰役」。

在一九四四年之前，日軍只把硫磺島做為太平洋中部與南部的航空中繼基

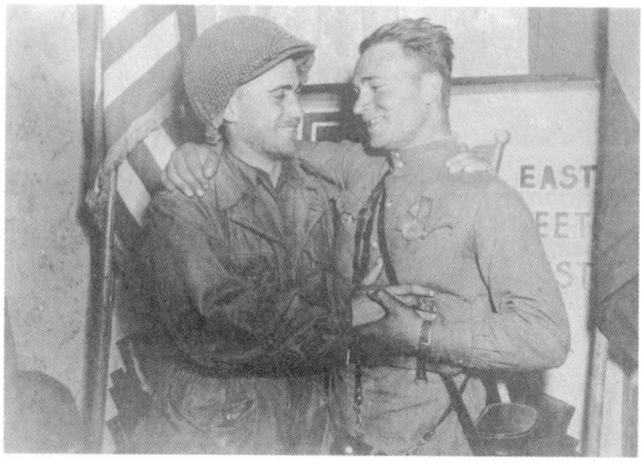

美、蘇兩軍的士兵在易北河的橋上互相握手、擁抱，留下歷史性的一刻。

地，只在這裡部署了一千五百多名守軍及二十架飛機，可是在「馬里亞納海戰」戰敗後，原本是亞洲與美洲海上交通要衝、扼中太平洋航道咽喉的馬里亞納群島失守，硫磺島對日軍就非常重要了。日軍趕緊在硫磺島加強了軍力部署，並且在島上建造了堅固的地堡，還挖掘了四通八達的地道。

「硫磺島戰役」持續了一個多月，最後美軍獲勝，美國也立刻將這裡建設成可供戰鬥機和轟炸機起降的機場。

美軍在此役中陣亡了近七千名士兵，而日軍陣亡人數要多出三倍多，還有一千多名士兵被俘。

美國拿下硫磺島之後不久，從四月上旬至六月中旬，就是為期八十二天、異常殘酷的「沖繩島戰役」。

經過好一段時日的跳島戰役，盟軍已逐漸接近日本本土，盟軍計畫攻下距離日本本土僅僅只有五百多公里的沖繩島，然後以此做為空中作戰基地，實行戰

略中進攻日本國土的「沒落行動」。

「沖繩島戰役」是二戰太平洋戰爭中，傷亡人數最多的一場戰役，當戰役結束的時候，美軍傷亡人數超過八萬人，日本陣亡及被俘的士兵則超過十萬人，還有數萬名當地居民傷亡。

這場戰役後，盟軍可說徹底消滅了日本海上和空中的力量，為勝利奠定了基礎。

美國一直希望蘇聯能夠參加對日作戰，一九四三年十月，在莫斯科所舉行的會議中，史達林允諾在打敗德國之後，就會加入亞洲戰事。等到柏林大轟炸之後的雅爾達會議，為了敦促蘇聯盡快加入盟軍在太平洋戰區的行動，美國竟然不惜與蘇聯達成一項祕密協定，以嚴重犧牲中國利益為代價，來交換蘇聯對日作戰。

這是因為日本在太平洋各島嶼上的戰役，幾乎都是戰至最後一人，日本的頑強令盟軍印象深刻，因此研判在歐戰結束以後，可能還需要一年至一年半才能打敗日本，若蘇聯能加入戰局，應該就能加快取得最後勝利的進程。

事實上，後來得知，原來在這年（一九四五年）三月下旬琉球失守後，日本就已密託蘇聯調停，結束戰爭，但是為蘇聯所拖延。同年七月中，在沖繩島已被盟軍拿下、並且在波茨坦會議舉行之前，日本更託蘇聯幫忙洽談投降，可盟軍對此都一無所悉。

在波茨坦會議舉行的前一天，美國總統杜魯門（一八八四～一九七二年）接獲報告，得知原子彈已製造成功，可以投入使用。

待波茨坦會議結束，《波茨坦宣言》命日本無條件投降，否則將面臨全部毀滅，但是，由於波茨坦會議並沒有談及日本天皇制度的存廢問題，日本政府對於所謂「無條件投降」的定義頗為疑慮，因此拒絕，杜魯門總統遂下令使用原子彈。

八月六日，第一顆原子彈投到廣島，造成全城大半被毀，七萬多人死亡。

兩天之後，蘇聯對日宣戰，並且立刻侵入中國戰區的東北。

八月九日，第二顆原子彈投到長崎，日本政府求和，以保全天皇權威為條件，願意投降。

八月十四日，日皇裕仁（昭和天皇，一九〇一～一九八九年）下令停火。

八月二十六日，美國占領軍登陸日本，沒有遭遇抵抗。

九月二日，日本代表團在停泊於東京灣的美國軍艦「密蘇里號」上，正式簽降。

至此，第二次世界大戰終於全部結束。

美國在長崎投下第二顆原子彈，後來日本投降，二戰正式結束。

關於二戰的起因責任和影響

二戰能夠避免嗎？

在戰爭結束的隔年二月初，史達林指出這場大戰最大的禍首是資本主義，因為資本主義都是壟斷的，在此基礎之上，在世界經濟與政治力量的發展下，爆發二戰是「必然的結果」。

一個月後，邱吉爾對此說法予以反擊，認為二戰是一場「非必然的戰爭」（也就是「不需要的戰爭」），認為這次戰爭原本在開始時就可以輕易制止，但因英國人民的「不明智、麻痺大意和好心腸，而讓壞人重新武裝」。

不過，關於二戰的起因，邱吉爾過去向來都是譴責納粹德國，這次則改變論調，認為一九三〇年代德國的鄰邦（尤其是俄國），對德國所採取的姑息安撫政策，實際上應該要負較大的責任。邱吉爾的看法，綜合起來其實就是一點，那就是「軟弱容易招來侵略」。

在密蘇里號的甲板上，由美國軍官麥克阿瑟與其他盟軍的代表，接受日本無條件投降。

二戰既是一場真正的全球性戰爭，自然造成極大的影響。

首先當然是生命的損失，雖然在這方面很難有精確的統計，但根據保守估計，全球總死亡人數在五千五百萬到七千多萬人之間，傷者更是不計其數。當然，各國的情況都不相同。

大戰所造成的經濟損失亦非常恐怖，各交戰國所付出的戰爭費用總額，都至少超過了一兆美元。投入戰費最多的美國，為大戰支出了大約三千四百一十億，英國大約為一千兩百億，德國大約為兩千三百三十億，日本大約為五百六十億，而中國若以八年抗戰來算，大約是三百十三億多美元。二戰堪稱是史上最浪費的戰爭。

此外，二戰也完全摧毀了歐洲的均勢，歐洲自此被兩個超級強國、也就是美國與蘇聯所控制。

科學家在二戰中扮演了非常重要的角色，譬如英國在國防部支援下，進行了很多科學研究，美國更成立科學研究暨發展處，蘇聯有科學院來研究軍用科學，德、日各國也都有國家性的科學研究會。戰爭期間有很多了不起的發明，諸如可透過黑暗及大霧「看見」（指「識別」）敵機的雷達、可以測知敵方潛艇的聲納、德國的噴氣戰鬥機等等（只是噴氣戰鬥機發展成功得太晚，所以未能協助德國空軍挽回空中優勢），這些都是科學家們的心血。

最重要的科技發展，當屬美國耗資二十億美元研發的原子彈。截至一九三九年為止，德國本來是在核子科學取得領先地位，但希特勒不可能投入巨資去做一件沒有絕對把握的事，後來美國集結了美、英、加科學家一起進行研究，稱做「曼哈頓計畫」，後來終於在一九四五年七月十六日，於新墨西哥的阿布奎基附近，完成第一顆原子彈爆炸，最後戰爭也因此結束。

二戰也加速了西方自一戰以來就已開始的政治基礎擴大化，以及推動更豐富的社會福利措施，不久，歐洲各地的人們就普遍開始享受到新的繁榮；到了一九六〇年代，歐洲人生活水準之高，是即使過去當歐洲處於勢力最高峰時，也很難想像的。

最後，二戰也造成了西方殖民勢力在亞洲的衰竭與崩解，從一戰以來就愈來愈普遍的民族主義與民主政治，就此真正成為歷史的主流價值觀。

後記

背後的故事

管家琪

卷九和卷十是現代史，涵蓋大約從西元一九〇〇年開始、將近一百年的時間，我們大致以一九四五年做一個分界點。

這一卷所講述的是一九四五年以前的歷史，從一九〇〇至一九四五年，這大約半個世紀真是充滿了硝煙啊，兩次世界大戰都在這一卷裡頭，只是關於二戰之後的國際局勢，要等到下一卷才會交代。

一戰和二戰剛好都集中在一卷裡頭，儘管內容很多，但也有好處，因為這兩次世界大戰本來就是息息相關，甚至就連經濟大恐慌也與一戰有關，受到了一戰的影響，然後又種下了二戰的因。

我覺得寫這一本最困難的，就是要考慮究竟該如何來講述二戰。

「九一八事變」、「七七事變」、「敦克爾克大撤退」、「偷襲珍珠港」、「中途島戰役」、「登陸諾曼第」、「史達林格勒保衛戰」、「硫磺島戰役」、「沖繩島戰役」，還有「閃電戰」、「密碼戰」、「蓋世太保」、「神風特攻隊」……相信這些是大家多多少少，都曾經從影視作品中接觸過的主題，希望在看過這一卷之後，大家都能對這些真實發生過的事，有一個比較清楚的了解。

說來或許是因為二戰的時間距離我們更近，以二戰為主題的影視作品一直要比一戰多出很多……

關於二戰，該交代、該講述的事情這麼多，該怎麼處理才能讓大家有一個比較清楚的脈絡呢？

我決定還是採取編年史的做法，逐年講述，就像「二戰大事記」，只是對於每一件大事，當然不會只是三言兩語的帶過。

至於二戰是否可以避免，由於我們在下一卷講「冷戰」的時候還會提到，所以在這裡就只先做了一個簡單的交代。

不過，關於二戰的背景，我們就做了比較詳盡的講述，從一戰後的巴黎和會、「國聯」的成立，到經濟大恐慌、極權政權的興起、國際秩序的惡化，這些無不跟二戰的爆發有關。

此外，我們也要了解中、俄在這半個世紀之內的發展，因為下一卷的重頭戲是在講「冷戰」，也就是要講以美、蘇兩國為首的東西方陣營角力，如果對於中、俄的發展了解得不夠，就很難進入下一個階段的歷史。

讀歷史，不可能只看單一事件；事件背後的故事，永遠都是我們理解歷史事件很重要的基礎。

參考書目

1 《世界通史》，王曾才／著，三民書局出版，二〇一八年五月增訂二版。

2 《寫給年輕人的簡明世界史》，宮布利希／著，張榮昌／譯，商周出版，二〇一八年三月二版。

3 《BBC 世界史》，安德魯．馬爾／著，邢科、汪輝／譯，遠足文化出版，二〇一八年九月二版。

4 《世界史是走出來的》，島崎晉／著，黃建育／譯，商周出版，二〇一七年五月初版。

5 《世界史年表》，李光欣／編，漢宇國際文化出版，二〇一五年八月初版。

6 《西洋通史》，王德昭／著，商務印書館出版，二〇一七年五月初版。

7 《西洋上古史》，劉增泉／著，五南圖書出版，二〇一五年八月初版。

8 《從黎明到衰頹》上、下冊，巴森／著，鄭明萱／譯，貓頭鷹出版，二〇一八年二月四版。

9 《西洋中古史》，王任光／編著，國立編譯館出版，二〇〇〇年八月初版。

10 《文藝復興時代》，王任光／著，稻鄉出版，二〇〇二年十一月初版。

11 《西洋近世史》，王曾才／編著，正中書局出版，二〇一二年四月三版。

12 《西洋現代史》，王曾才／著，東華書局出版，二〇一三年六月七版。

13 《西洋現代史》，羅伯特 · 帕克斯頓、朱莉 · 何偉／著，陳美君、陳美如／譯，聖智學習亞洲私人有限公司台灣分公司出版，二〇一六年十一月初版。

14 《影響世界歷史 100 位名人》，麥克．哈特／著，趙梅等／譯，晨星出版，二〇〇〇年十二月初版。

15 《中國通史》上、下冊，傅樂成／編著，大中國圖書出版，二〇一一年十月三十七版。

16 《中國近代史》，薛化元／編著，三民書局出版，二〇一八年二月增訂七版。

17 《中國現代史》，薛化元、李福鐘、潘光哲／編著，三民書局出版，二〇一六年二月增訂五版。

十一畫

《動物農莊》Animal Farm

國家 nation

國家的 national

國際勞工組織 International Labour Organization（ILO）

國際聯盟 League of Nations

曼哈頓計畫 Manhattan Project

第一次世界大戰 World War I

第二次世界大戰 World War II

麥克阿瑟 Douglas MacArthur

十二畫

傑克・倫敦 Jack London

喬利蒂 Giovanni Giolitti

敦克爾克 Dunkirk

斐濟 Fiji

費茲傑羅 Francis Scott Key Fitzgerald

十三畫

愛因斯坦 Albert Einstein

愛迪生 Thomas Alva Edison

新政 New Deal

新幾內亞 New Guinea

跳島戰術 island hopping

雷馬克 E. M. Remarque

十四畫

圖靈 Alan Mathison Turing

蒙哥馬利 Bernard Law Montgomery

蓋世太保 Gestapo

十五畫

墨索里尼 Benito Mussolini

德皇威廉二世 Emperor William II of Germany

德雷福 Alfred Dreyfus

暴跌（專指股票價值）crash

歐威爾 George Orwell

十六畫

《戰地鐘聲》For Whom the Bell Tolls

十七畫

壕溝戰 trench warfare

繁榮的十年 A Decade of Prosperity

十八畫

薩摩亞 Samoa

十九畫

龐德 Michael Bond

二十一畫

蘇維埃 Soviet

蘇臺德地區 Sudetenland

專有名詞中英對照

二畫

人民陣線 Popular Front

三畫

三巨頭 Big Three

大同盟 Grand Alliance

《大亨小傳》The Great Gatsby

四畫

中途島 Midway Island

厄利垂亞 Eritrea

巴頓 George S. Patton

《火車大劫案》The Great Train Robbery

五畫

冬將軍 General Winter

卡特爾 cartel

史達林格勒 Stalingrad

史賓格勒 Oswald Spengler

《四月提綱》April Theses

尼米茲 Chester William Nimitz

布爾什維克黨 Bolsheviks

民主 democracy

瓜達卡納島 Guadalcanal Island

六畫

《老人與海》The Old Man and the Sea

艾森豪 Dwight David Eisenhower

衣索比亞 Ethiopia

《西線無戰事》All Quiet on the Western Front

七畫

亨利・福特 Henry Ford

攻擊日 D-Day

八畫

彼得格勒 Petrograd

法西斯主義 fascism

法國總理克里蒙梭 Georges Benjamin Clemenceau

波特 Edwin S. Porter

金本位制 gold standard

九畫

威瑪 Weimar

柏靈頓熊 Paddington Bear

珍珠港 Pearl Harbor

科學 science

美國總統狄奧多・羅斯福 Theodore Roosevelt

美國總統威爾遜 Thomas Woodrow Wilson

美國總統胡佛 Herbert Clark Hoover

美國總統富蘭克林・羅斯福 Franklin Delano Roosevelt

英國首相邱吉爾 Winston Leonard Spencer Churchill

英國首相柴契爾夫人 Margaret Hilda Thatcher

英國首相張伯倫 Arthur Neville Chamberlain

英國首相勞合喬治 David Lloyd George

計畫經濟 State Planning

十畫

俾斯麥 Bismarck

海明威 Ernest Miller Hemingway

XBLH0009

少年愛讀世界史 卷 9
現代史 I 兩次世界大戰

作者｜管家琪

字畝文化創意有限公司
社長｜馮季眉　編輯｜戴鈺娟、陳曉慈　行銷編輯｜洪絹
全套資料顧問｜劉伯理　歷史學習單元撰文｜曹若梅　特約圖片編輯｜陳珮萱、楊正賢
人物漫畫｜劉 婷　地圖繪製｜廖于涵　美術設計｜黃子欽　封面設計｜ Joe Huang

讀書共和國出版集團
社長｜郭重興　發行人兼出版總監｜曾大福
業務平臺總經理｜李雪麗　業務平臺副總經理｜李復民
實體通路協理｜林詩富　網路暨海外通路協理｜張鑫鋒　特販通路協理｜陳綺瑩
印務協理｜江域平　印務主任｜李孟儒

發行｜遠足文化事業股份有限公司
地址｜ 231 新北市新店區民權路 108-2 號 9 樓
電話｜ (02)2218-1417　傳真｜ (02)8667-1065
電子信箱｜ service@bookrep.com.tw　網址｜ www.bookrep.com.tw

法律顧問｜華洋法律事務所　蘇文生律師
製版｜軒承彩色印刷製版公司　印製｜通南彩色印刷公司

2021 年 10 月　初版一刷　定價：420 元
書號：XBLH0009
ISBN：978-986-5505-67-7

國家圖書館出版品預行編目 (CIP) 資料
少年愛讀世界史．卷 9, 現代史．I：兩次世界大戰／管家琪著．-- 初版．-- 新北市：字畝文化出版：遠足文化事業股份有限公司發行, 2021.10
面；　公分
ISBN 978-986-5505-67-7(平裝)
1. 世界史 2. 通俗作品
711　　110004201